Y Dyn Dŵad
Alias, Myth a Jones

Y Dyn Dŵad

Alias, Myth a Jones

Goronwy Jones

Argraffiad cyntaf: 2009

Dymuna'r cyhoeddwyr gydnabod cymorth ariannol
Cyngor Llyfrau Cymru

Cynllun y clawr: Alan Thomas
Llun y clawr: Y Lolfa
Cartwnau: Cen Williams

Rhif Llyfr Rhyngwladol: 9781847711700

Cyhoeddwyd ac argraffwyd yng Nghymru
gan Y Lolfa Cyf., Talybont, Ceredigion SY24 5HE
gwefan www.ylolfa.com
e-bost ylolfa@ylolfa.com
ffôn 01970 832 304
ffacs 832 782

RHAGAIR

Roedd Eisteddfod Genedlaethol Caerdydd 2008 yn garreg filltir bwysig yn hanes y genedl. Ar ôl deng mlynedd ar hugain o fod ar gyrion y gymdeithas, cafodd y Dyn Dŵad ei dderbyn yn swyddogol gan y sefydliad. Daeth yn aelod o'r Orsedd a chafodd wahoddiad i berfformio'n fyw bob dydd ar lwyfan y cysegr sancteiddiolaf, sef y Babell Lên...

Yn ystod y cyfnod 2004–2008 bu'r Dyn Dŵad yn ceisio sefydlu'i hun fel perfformiwr ar ei liwt ei hun. Er gwaethaf ei swildod cynhenid bu wrthi'n perffeithio'i grefft mewn clybiau a thafarnau yn y de a'r gogledd, mewn neuaddau crand fel y Galeri a Chanolfan y Mileniwm, ar Faes C, ar Radio Cymru ac ar S4/C yn ogystal. Swmp a sylwedd y gyfrol yw hanes y daith honno a'i gwnaeth yn bosib i'r Dyn Dŵad fedru cynnal sesiwn tri chwarter awr o stand-yp bob dydd yn y brifwyl. Ffrâm y gyfrol yw rhagymadroddion y sesiynau dyddiol hynny lle gwisgai Gron lifrai gwahanol bob dydd gan osod stamp testun y dychan a ddilynai.

Ac wedyn, rhwng y perfformiadau, mae Gron yn synfyfyrio, ac yn edrych yn ôl ar yr anturiaethau a brofodd ar y lôn galed honno – ei strygl i fod yn gomic...

Darlledwyd sesiynau'r Babell Lên yn fyw ar S4/C Digidol drwy gydol yr Eisteddfod gyda chlipiau'n cael eu hailddarlledu yn hwyr y nos ar S4/C a Radio Cymru drwy gydol mis Awst.

Dr Dafydd Huws

CYNNWYS

Y BABELL LÊN
DYDD LLUN - 12.15

COLER GRON

(PROPS: IWNIFFORM PREGETHWR)

Dyma'r hogyn yn cerdded ar y llwyfan mewn crys du a cholar gron fatha gweinidog, a thrw' ryw drugaredd dyma'r gynulleidfa'n dechra chwerthin...

Be sy? Dach chi'm yn meddwl bod y wisg yn siwtio fi? Wedi ca'l yn sbonsro gin gwmni cwrw ydw i, w'chi. Crys du, colar wen. Tasach chi'n torri mhen i ffwr' fyswn i'n edrach fatha peint o Guinness!

Colar gron? Be dach chi'n feddwl 'colar gron'? Colar Gron ydi hon, 'de?

Fyswn i'n licio deud cymaint o blesar ydi bod yma heddiw... Ond taswn i'n deud hynny fyswn i'n deud clwydda. Ista yn y baball lysh ar y Maes, dyna fysa plesar, 'de? Deud y gwir yn onast wrthach chi dwi jest â cachu brics... A tasa hynny'n digwydd, fysa fo'n ddim plesar i neb, na fysa? Sŵn y Gwynt sy'n chwthu a ballu... Peidiwch â phoeni – dwi'n nabod llenyddieth Gymraeg fatha cefn 'yn llaw. Os na fedri di ddiodda'r gwres, dos allan o'r Kitchener, ia?

Dwi'n teimlo fatha tipyn o impostar, deud gwir wrthach chi. Dim ond mawrion y genedl sy'n ca'l dŵad i'r Babell Lên fel arfar, ia. Cewri byd llên, fatha Meuryn... a Meuryn... a Meuryn a'r rheina. Sgin i'm syniad pwy ydi Meuryn ond ma raid bod o'n uffar o foi. Mae o'n gant a deg erbyn hyn ond mae o'n dal i feirniadu Talwn y Beirdd bob blwyddyn!

Ia, Talwn y beirdd. Sgwn i faint dalan nhw i mi am neud hyn bob dydd...? Pres lysh, ia. Gin i sychad ofnadwy'n barod...

Ma'r ffaith 'mod i yn fama heddiw yn dipyn o siom i rei pobol. Harri Parri, ryw sgethwr o Gynarfon 'cw sy wedi bod yn llenwi'r slot yma ers blynyddoedd, meddan nhw. Mae o'n dŵad o'r un dre a fi ond dwi rioed 'di weld o chwaith. Dwi'm yn meddwl bod o'n mynd i Black Boy yn amal iawn a fydda inna byth yn t'wllu'r capal Seilo 'na. Ma hi'n ôl-reit i Harri Parri. Dim ond sgwennu'r straeon mae o'n gorod neud. John Ogwen sy'n darllen nhw drosto fo. Ond ma mygins fan hyn yn gorod neud bob dim 'i hun, yndi? Ond, dyna fo, o leia ma gin i ddigon o gyts i ddarllen 'yn stwff 'yn hun, does?

Ma *isho* gyts hefyd, alla i ddeud wrthach chi. Ddoth 'na ddwy ddynas ata i gynna, y ddwy ar 'u pensiwn ers y chwedega tasach chi'n gofyn i mi. 'Harri Parri!' medda'r fenga ohonyn nhw. 'Dda gin i'ch gweld chi, cofiwch, ond esgo, dach chi wedi heneiddio!'

"Sori!" medda fi. "Ddim Harri Parri ydw i."

"Be dach chi'n feddwl?" medda hi. "'Dan ni wedi dŵad lawr yr holl ffor' o Dŵr Gwyn Bangor i'w weld o. Pwy dach chi, ta?"

O'dd gin i ofn deud wrthyn nhw, jest rhag ofn bod nhw'n cofio'n hanas i. Ma gin bobol go' hir iawn ac o'dd y pinna 'na yn eu hetia nhw'n edrach yn beryg ar y naw! Pwy ydw i i bechu yn erbyn grwpis Harri Parri, ia? Tydw i'm yn deilwng o ddaffod creia'i sgidia fo, ma hi'n amlwg. 'Harri Parri', ei enw'n perarogli sydd! Ma hyd yn oed ei enw fo'n odli! Taswn i'n galw'n hun yn Goronwy Onwy ella byswn i'n ca'l dipyn bach mwy o barch.

Gesh i sioc ar 'y nhin pan gesh i wadd i ddŵad fan hyn.

"Co dre ydw i!" medda fi wrth y Pwyll Go Llên. "Be ti'n ddisgwl i mi neud?" "Gwedwch wrth y gynulleidfa pwy y'ch chi," medda fo. "Fydd y bobol ifanc ddim yn gwbod, fydd yr hen bobol wedi anghofio a fydd y canol o'd yn dal i'ch casáu chi am roi enw drwg i'r *Dinesydd* ers talwm!"

Mam bach, cysur Job, ia?

"Dowch 'laen, ta," me' fi wrth y Pwyll Go Llên. "Be dach chi isho i mi neud?"

"Cenwch im yr hen ganiade," mo. "Gwedwch 'ych stori…"

"Ia, ond dwi wedi bod yn deud yr un hen stori ers deng mlynadd a rhigian," me' fi.

"Pidwch â becso! Ma Dafydd Iwan wedi bod yn canu'r un hen ganeuon ers hanner canrif!" mo. "Sdim ishe i chi fod ofan. Mae'r Tebot Piws a Mynediad am Ddim yn ailffurfio'n sbeshal 'fyd. Steddfod yr hen stejars yw hi leni."

"Pwy di dy hen stejar di, cont?" medda fi wrth 'yn hun. Ond dyna fo, o'n i'n sbio 'mlaen at weld Edward H, Tebot a'r rheina eto. Oeddan ni i gyd efo'n gilydd yn yr Ely ers talwm. Yr hen hogia, ia? Efo pwyslais ar y 'hen'. Dwi'm isho bod yn *rŵd* ond toes na'm byd tebyg i dipyn o *rust*-algia, nag oes?

Ma'r golar gron wedi bod yn handi iawn yn barod, cofiwch.

"Parch Goronwy Jones, arweinydd y gwasaneth boreol," medda fi wrth Stiwart wrth y giât bora ddoe.

Boi da ydi Stiwart, presennol ym mhob man – dwn i'm be fysa'r Steddfod yn neud hebddo fo. Sycyr mwya welsoch chi rioed, cofiwch. Gesh i ddŵad i mewn am ddim wedyn, 'do? Mynediad am ddim i'r Duwiol a'r da, ia. Er nad o'n i'n gneud diawl o ddim!

Be dach chi'n chwerthin, Misus? Welish i chi'n gneud yr un peth yn union! Ma'r dosbarth wedi gweld hi, tydi – mwya i gyd o bres dach chi'n ennill yn Steddfod, lleia i gyd ma'n rhaid i chi wario. Does na'm byd yn newid, nag oes? Ceinioga prin y werin yn bwydo'r bobol fawr!

Made-to-measure ydi'r golar Gron 'ma, w'chi. Syth o Howells Department Store... Ffitio fi fel manag... Pregethwr fyswn i ddau can mlynadd yn ôl, w'chi, saff i chi... Toedd Pantycelyn yn ca'l peint efo'i ginio cyn pregethu gyda'r nos siŵr iawn. Ac am yr Hywel Harris 'nw, wel, o'dd o'n arfar ca'l seshys mowr yn y Sarah Siddons yn Aberhonddu. Peint ne ddau a 'thamad' hefyd, yn ôl be glywish i. Actores o'dd Sarah Siddons, w'chi. Peidiwch â gadal i'ch merch fynd ar y llwyfan, Mrs Jones, beth bynnag newch chi! Ma hi'n dipyn o gysur, cofiwch, i hen rebal fatha fi, gwbod na tydw i ddim tamad mwy o bechadur na'r Tada Methodistaidd! Peth troëdig ydi tröedigaeth yn amal iawn... a dipyn o hen gi oedd Hŵal Harris!

O'n i'n gwrando ar Harri Parri ar 'Munud i Feddwl' ar y radio bora blaen yn deud stori am un o'i ddefaid yn Dre 'cw, ia.

"Fysat ti'n fodlon bedyddio hwn i mi, del?" medda'r fodan ifanc 'ma yn nrws y Mans.

"Iawn, wrth gwrs, pryd?" medda Harri.

"Fysat ti'n fodlon neud o rŵan tra dwi'n mynd i Tesco?"

Stori dda, ia? Gwirioneddol werth ei benthyg! Ma Harri a fi mor wahanol â galla neb fod, ac eto am yr un bobol 'dan ni'n sôn, ia. Ma'n rhaid i ni gomedians sticio efo'n gilydd, medda fi wrth 'yn hun. Boda prin, cywion o frîd...

Ond wedyn yn sydyn, fel bollt o'r nen, a finna ar ganol 'y nghamp a'n rhemp dyma 'na ysbryd aflan yn ymweld â fi – neb llai na'r Llymbar Llwyfan ei hun...

Dwi'm yn gwbod be o'dd y rheswm. Rhywun yn dŵad i mewn yn hwyr i'r Babell Lên, drws yn cau'n glep ar ei ôl o... Ffaith bod beirniad drama Y Tyst *yn ista yn y rhes flaen yn sbio fatha bwch ac yn gneud nodiada... Ffaith bod y co camera 'cw'n nelu fatha sneipar amdana fi fancw... Ffaith bod y genedl gyfa yn stagio arna fi ar Dei-Teim TV... Sofiet Bloc gafodd Solzen-hit-zyn ers talwm a hitish inna wal Berlin reit debyg... Mi ddechreuodd 'yn meddwl i grwydro a wyddwn i ar y ddaear be i ddeud nesa... Ella 'mod i'n fyw ar y teli ond o'n i'n marw ar y stêj! Dyna be ma'r Llymbar Llwyfan yn neud i rywun! O'dd tri chwarter awr ar y llwyfan yn edrach fatha marathon yn stretshio am filltiroedd o mlaen i.*

'Dyn Dŵad' oedd o'n ddeud ar y postar ar y ffor' i fewn ond mwya sydyn dyma fi'n dechra teimlo fel im-postar pur! Ella bod yr hogyn yn dŵad o Eryri ond dim ond Mont 'Blanc' o'dd o 'mlaen i ar hyn o bryd! Sut ddiawl dechreuish ar y gêm wirion 'ma, medda fi wrth 'yn hun...

Y CAM CYNTA

Peth peryg ar y naw ydi mynd i'r Steddfod Genedlaethol am naw o'r gloch bora, yn enwedig pan ma 'na lysh i ga'l 'na… O'dd Steddfod Casnewydd yn Steddfod sbeshal achos am y tro cynta rioed roeddach chi'n medru prynu alcohol yno yn hollol gyfreithlon.

"Lysh ar y Maes?" medda Mimw pan ddudish i wrtho fo. "Ia, ocê! Castle ta Morgan Lloyd?"

"Naci'r ionc," medda fi. "Ddim Maes Dre, Maes y Steddfod, ia."

"So what?" medda Mimw. "Be di'r big deal? Ma'r hogia'n yfad ar Maes Steddfod rioed!"

"Ddim potal win slei dan dy gôt ydi hyn," me' fi. "Ma'r Steddfod wedi ca'l leishans!"

"Be sy haru'r sycyrs dwl?" medda Mimw. "Dwi'n dreifio, dwi'n 'sgota, dwi'n stagio ar y teli a bob dim, a does gin i ddim leishans i ddim un wan jac ohonyn nhw!"

O'dd Siân 'cw yn gweithio i rwbath o'r enw *Llais y Maes*, ryw bapur bog roedd y Blaid Bach yn ei gyhoeddi bob dydd, ac roedd hi'n ca'l dau dicad i fynd i mewn am ddim. Does 'na'm rhyfadd bod y Steddfod yn sgint, nag oes, os ydi'r dosbarth canol i gyd yn ca'l mynd i mewn am ddim!

Does gin i'm syniad pwy ydi'r Arglwydd Richards, ond mi roedd Siân yn gandryll fod Niwl Lebor wedi gwrthod ei argymhellion o am fwy o rym i'r Cynulliad. Mi welodd hi Rhodri Morgan ym mhabell S4/C, lle roedd Dudley wrthi'n ei ddysgu fo sut i neud cawl, ac mi o'dd hi'n sgut am fynd draw i roid llond bol i'r diawl. "Sdim ishe i ti ddod," medda Siân wrtha fi. "Cer di i grwydro'r Maes os ti moyn!" Chwara teg iddi, medda fi wrth 'yn hun… Pum munud o lonydd, myn uffar i!

Y boi cynta nesh i weld o'dd mab fenga y Lolfa, sef Primo Lefi, er mwyn gweld sut o'dd 'yn llyfr newydd i, *Walia Wigli*, yn gwerthu.

"Sdim byd yn gwerthu 'i hunan, twel," medda Primo. "Wyt ti'n ffansïo helpu 'da'r marchnata?"

"Be wyt ti'n feddwl ydw i, con' – siopwr?" me' fi. Ond wedyn dyma fo'n gneud cynnig na fedrwn i mo'i wrthod. Potal o lagyr Carreg am bob llyfr o'n i'n seinio. Cysidro bod y stwff yn costio tair sgrin y botal yn y stondina-sgram, o'n i'n meddwl bod hyn yn fargan go lew, ac mi a'th hi'n 'sesh go hegar ym Mharc Tredegar' fatha bysa'r Bardd Cocos yn ddeud.

Ma 'na rywun yn rogio yn y Steddfod bob blwyddyn. Beirdd ran amla. Y sgandal leni o'dd bod yr Orsedd wedi gwrthod cyhoeddi'r faled fuddugol am ei bod hi'n rhy fudur. Fyny iddyn nhw, wrth gwrs, ond doedd y gyfrol ddim cweit yn 'Gyfan-soddiadau' wedyn, nag oedd, os o'dd rwbath wedi ca'l ei adal allan. Y sgandal arall o'dd y busnes llên meicro 'ma. Dwi'n gwbod o chwerw brofiad bod rhywun yn haeddu medal am sgwennu nofal, ond wyddwn i rioed bod modd ennill Medal Lenyddiaeth am sgriblo pytia ar gefn enfilops. Bai yr ôl-fodan ydi hyn, meddan nhw, pwysleisio gormod ar rôl y darllenydd a ballu. Be ma'r diawlad drwg yn neud ydi rhoi'r cynhwysion i gyd yn y meicro a disgwyl i rywun arall ei gwcio fo. Petha bach byr eu gwynt ydi straeon byrion, chwadal Kate Roberts ers talwm; trwbwl ydi does na'm lot o le i jôcs a ballu pan ma'ch traed chi mewn cymaint o gyffion â hynny, nag oes? Ond, dyna fo, ella na dial y sgwenwyr rhyddiaith ydi hyn. Pam ddylsa beirdd ga'l monopoli ar ddiogi, ia?

Erbyn hyn, roedd Primo a finna wedi mynd i Le Gallois i wario dipyn o elw'r llyfr ar sgram a photal o win. Roedd criw Niwl Lebor wedi cyrraedd o'n blaena ni a dyna lle roeddan nhw'n drachtio potal o win gwyn Quisling.

"Riesling, ti'n feddwl!" medda Primo.

"Sori!" me' fi. "Ma raid bod Freud yn Oslo pan slipiodd o."

Ond, fi oedd yn iawn yn diwadd. O'dd Primo Quisling ar fin 'y mradychu fi…

Oedd yr êl yn llifo megis afon erbyn hyn a finna'n nofio mewn cariad a hedd wrth inni ddrifftio draw tuag at babell anfarth y Cwango Llyfra, lle o'n i fod i gwarfod Siân. "Does dim iws iddi gwyno 'mod i'n chwil yn y Steddfod yma," medda fi wrth Primo. "Ma gin i hawl swyddogol i neud o!"

"Goronwy!" medda Ms Awen Gwales yn siriol gan blannu swsus clec ar 'y nwy foch i, yn union fatha tasa hi ar y cyfandir. "Shwt y'ch chi slawer dydd? Wy mor bles bo' chi'n folon 'yn helpu ni 'da'r marchnata!" Be sy haru nhw i gyd efo'u marchnata? Tydi o ddim yn ddigon jest sgwennu llyfr bellach, na di? Ma'n nhw isho dy feddiannu di gorff ac enaid! "Ewn ni draw, te, ife?" medda Ms Gwales gan oglas 'y nghesal i. "Draw i lle?" me' fi. "Wel, i ddarllen 'ych gwaith, ontife!"

Ac ar y gair, dyma Siân yn cyrraedd, gan sychu gwaed Rhodri Morgan 'ddar ei rolling-pin a gwenu'n slei ar Primo Lefi… o'dd hi'n amlwg bod y basdads wedi bod yn plotio tu ôl i 'nghefn i! Dyma'n fi'n cymryd stag syd ar hylltod y dorf oedd yn disgwl amdana i. O'dd y cwrw'n grêt: ei bris o o'dd yn ddrud! Hunllef ac angst a mwrllwch du! Tydi hi ddim yn ddigon sgwennu llyfr bellach, ma'n rhaid i chi blydi wel ddarllan o hefyd, a hynny'n noethlymun gerbron y genedl! "Dewch!" medda Ms Awen Gwales, gan gosi nghwd i o'r cefn. "Y cam cynta yw'r cam gore! Bydd e'n bractis bach nèt ar gyfer y daith!"

Caernarfon, Pwllheli, Bala, Bangor... Nid oedd taith y pererin ond megis dechrau! Ar eiliad wan pan o'dd 'y mrêns i ddim yn sylwi, ma'n debyg 'mod i wedi seinio cytundeb llafar efo Primo Lefi byswn i'n mynd ar daith drw'r gogledd gan neud sioe o'n hun yn gyhoeddus. Be 'nei di pan ti mewn Steddfod ar lan yr afon Usk yn Gasnewydd ond derbyn Wysg dy din?

★   ★   ★   ★

Dyna lle ro'n i, yn sefyll yn y bar yn y Black Boy efo copi o *Walia Wigli* yn un llaw a pheint o Bass yn y llall ar 'yn ffor' i'r bar crand i ddarllan 'yn straeon o flaen cynulleidfa o bobol dre 'cw. O'n i'n crynu fatha jeli ac o'dd hannar 'yn êl i'n colli ar lawr. "Hei, watsha be ti'n neud, cont!" medda'r barman. "Ar y bwr' ma'r mat cwrw, 'sti, ddim ar lawr!"

Stagrio tua'r stêj: mi ddylswn i fod yn hapus; o'n i'n dôl yn yr hen byb annwyl lle dechreuodd y cofi-dia i gyd, yng nghanol cymeriada difyrra'r deyrnas. Ond pum peint ne beidio fedrwn i yn 'y myw ymlacio. O'n i'n cachu bananas a phob ffrwyth arall fedrwch chi feddwl amdano fo wrth feddwl am arddangos ffrwyth fy nychymyg mewn noson lenyddol dan nawdd yr Academi a Siop Frogit Press. Pa mor chwil o'n i pan gytunish i i neud ffasiwn beth â pherfformio'n gyhoeddus medda fi'n wrth 'yn hun, ond chwara teg mi o'dd yr hogia wedi dŵad draw i 'nghefnogi fi...

Anamal uffernol bydd yr hogia yn mynd i'r snŷg yn y Black Boy. Y bobol cŵl 'Ice Cold in Alex' sy'n yfad yno fel arfar ac ma'r hogia'n meddwl bod hi'n fwy snŷg efo'i gilydd yn y bar... Hen hogia iawn ydi criw'r Alex, rei ohonyn nhw hefyd, cofia. Edward H a *Rownd a Rownd* a'r rheina i gyd... Na'th neb ohonyn nhw wrthod otograff i mi rioed, chwara teg iddyn nhw. Ma 'na amball i gnychydd yn eu plith nhw sy wedi'n snybio fi, dwi'm yn deud, ond, chwara teg iddyn nhw, mi naethon nhw i gyd droi i fyny heno i weld yr hogyn yn gneud ei *début*...

"Be ti'n feddwl, dŵad i dy weld *di*?" medda Edward H. "Wedi dŵad i weld Tudur Owen 'dan ni!"

"Pwy uffar ydi Tudur Owen?" me' fi wrth Miss Palas Print.

"Bachan ifanc o sir Fôn yw e," medda hi. "Paid â becso, bydd e ddim yn PC Leslie Wynne am gwpwl o flynydde 'to... Ti yw'r top o' ddy bil heno!"

Top o' ddy bil, myn uffar! O'dd hynny'n gneud i mi deimlo'n waeth byth ac i fyny â fi ar y llwyfan, fatha coc oen i'r lladdfa...

Y STÊJ NESA

"Stand-yp comedian? Chdi?" medda'r Hen Fod.

"Ia, pam?" me' fi.

"Paid â siarad yn wirion! Rwyt ti'n mynd yn llai na chdi dy hun bob gafal. Fedri di'm gneud dim byd yn gyhoeddus na fedri, washi?"

"Be dach chi'n fwydro?" me' fi. "Nesh i'n ôl-reit yn Black Boy 'chydig o wsnosa'n ôl."

"Do, ar ôl ca'l llond bol o lysh!"

"Nyrfs o'dd hynny, 'de. Dwi 'di magu hydar. Dwi'n dŵad yn well bob tro dwi wrthi…"

"Dyna fo, deud ti. Cwbwl dwi'n ddeud ydi na chei di'm cysgu acw eto ar ôl i ti fod yn baldaruo. Dwi wedi prynu cyfnasa newydd i bedrwm ffrynt a tydw i ddim ar fwriad llnau sâl-cwrw odd' arnyn nhw eto, reit?"

Oeddan ni'n sefyll ar y Maes rhwng cofgolofn Hugh Owen a statiw Lloyd George. O'n i'n arfar bod ofn y statiw 'na ers talwm – dyn du tal ar ben wal a'i ddwrn yn yr awyr yn blagardio pawb fatha ryw blac an' tan. Debyg ar diawl i'r Hen Fod pan ma hi ar gefn ei cheffyl. Rwtsh fel hyn o'n i wedi ga'l gynni hi ar hyd 'yn oes ond oedd petha'n mynd i newid… to'dd na ddim ffiars o beryg mod i'n mynd i gymyd gynni hi tro 'ma.

"Peidiwch chi â thaflu dŵr oer ar 'y ngyrfa fi," medda fi. "O'dd y gynulleidfa yn eu dybla yn y Black tro dwutha!"

"Mi chwerthith pobol chwil am ben rwbath!" medda'r Hen Fod. "Dwi'n siŵr bo' chdi'n drychinebus."

"Sut bysach chi'n gwbod?" me' fi. "Toeddach chi ddim yno, na neb arall o'r teulu chwaith."

"Pwy sy'n mynd i dalu ffeifar i glwad dyn yn deud jôcs?" medda'r Hen Fod. "Gin i betha rheitiach i neud efo mhres, wir."

"Diolch yn fawr i chi am 'ych cefnogath," me' fi.

"Rwyt ti'n mynd yn rhy hen ar gyfar ryw lol wirion fel hyn," medda'r Hen Fod. "Fedri di'm actio, siŵr Dduw. Fysa'n ffitiach i ti actio dy oed!"

Oedd hyn rhwng y pacia blawd codi a'r pacia blawd plaen yn Tesco, Lôn Bangor – 'yn mam 'yn hun yn 'yn waldio fi fatha Waldio Williams.

"Sgiwsiwch fi!" medda fi wrth yr hogan oedd yn llenwi shilffoedd. "Dach chi'n gwerthu creia wellingtons yma, yndach?"

"Peidiwch â gwrando arno fo," medda'r Hen Fod. "Trio deud jôcs mae o ond tydyn nhw ddim yn gweithio. Sgynnoch chi'm self-raising flour yma, oes?"

"Helô, Mrs Jones," medda'r fodan. "Dyma fo fan hyn, ylwch. Pw' 'di o? Ddim brawd Brenda, ia?"

"Su' mae, Janice?" me' fi.

"Sori, nesh i'm nabod chdi!" medda Janice.

"Peidiwch â phoeni!" medda'r Hen Fod. "Dwi 'di colli nabod arno fo'n hun."

"Cofio chdi'n actio'n wirion ar telefishyn ers talwm, ia," medda Janice. "Pryd oedd y ffilm 'na, d'wad?"

"1989 cofia!" me' fi.

"Arglwydd! Tydi amser yn fflio," medda Janice.

"Paid â phoeni," me' fi. "Ella gweli di fi ar telifishyn eto cyn bo hir."

"Chwilio am job mae o," medda'r Hen Fod. "Sgynnoch chi'm vacancies fan hyn ma'n siŵr, nag oes?"

"Digon hawdd nabod pobol Sgubs, yndi, Mam," medda fi, allan o wynt wrth far yr Eagles. "Ma'n breichia ni'n hongian fatha orangutang wrth 'yn hochra ni ar ôl lygio'r bagia trwm 'ma i gyd o Tesco."

"Tydi o'm yn jôc," medda'r Hen Fod. "Ma rei ohonon ni'n gorod neud o bob dydd. Peint o lagyr plis, Norman…"

"Neis bod yn y local eto, yndi," me' fi.

"Ti'n galw dy hun yn local?" medda Norman.

"Arglwydd mawr! Cymrwch drugaredd ar bererin gwan mewn anial dir, newch chi?" me' fi. "Dwi'n gneud 'y ngora i ail-locêtio'n hun o Gardydd, tydw? Plas Coch Bala, Siop Lyfra Bangor, Clwb Rygbi Pwllheli – mi fydd yr 'Awdur-ar-Daith' 'ma'n mynd â fi dros y gogledd i gyd…"

"Gwranda, Gron," medda'r Hen Fod ar ôl yfad tri chwartar ei pheint i lawr mewn un. "Ma pob rhiant yn gobeithio gweld eu plant yn dŵad ymlaen yn y byd… Ma dy frawd yn engineer sy wedi teithio i bob man dan haul, a ma dy chwaer wedi pasio'n uchal fel athrawas er gwaetha pob rhwystyr. Ond cwbwl dwi wedi'i gael gin ti rioed ydi poen meddwl. Pam na weithi di dy ffor' i fyny a gneud rwbath ohonat dy hun am tshenj?"

"Dyna dwi'n drio neud!" medda fi. Ond nath yr Hen Fod ddim byd 'mond ochneidio'n ddyfn a nodio ar y barman cystal â deud bod hi'n barod am ei pheint nesa.

"O'dd dy dad druan mor falch pan glywodd o bo' chdi am briodi Siân. 'Mi neith yr hogan yna ddyn ohono fo, 'sti,' medda'r creadur. Dwn i'm be 'sa fo'n ddeud, ugian mlynadd yn ddiweddarach – ti fatha tasat ti'n mynd yn waeth wrth fynd yn hŷn!"

"Gwrandwch!" me' fi, jest iawn â chwthu ffiws erbyn hyn. "Dach chi'n cofio Bob Monkhouse?"

"Bob Monkhouse *Celebrity Squares?*" medda'r Hen Fod.

"Hwnnw!" medda fi. "O'dd o'n arfar bod yn ddoniol cyn iddo fo ddechra gneud sioea gwirion ar y teli. 'Pan ddudish i mod i am fynd yn gomedian mi ddaru pobol chwerthin ar 'y mhen i!' medda fo. Ond ail gafon nhw i gyd, ia. Mi ddaru'r hen Bob yn o lew iddo fo'i hun, do?"

"Do, wrth gwrs, ti'n iawn," medda'r Hen Fod. "Ond mi o'dd gynno fo dalant, toedd?"

"Sori, Mam!" me' fi, yn y parlwr nes 'mlaen. "Ddrwg gin i styrbio'ch *Coronation Street* chi… Ond dwi'n meddwl bo' chi'n rong. Ma perfformio yn 'yn gwaed ni fel teulu."

"Be ti'n fwydro rŵan eto?"

"O'dd Taid Nefyn yn champion am siarad yn gyhoeddus, toedd?"

"Oedd, debyg iawn. Mi o'dd o'n flaenor!"

"Dyna be dwi'n ddeud, 'de. Capal, pyb, clyb… Be 'di'r gwahaniath?"

"Dwi'm yn meddwl bysa dy daid yn licio clwad bo' chdi'n mynd i fod yn rafio a deud jôcs budur yn Nghlwb Rygbi Pwllheli!"

"Toedd Taid ddim mor gul â dach chi'n drio ddeud," medda fi. "Neutha fo ddim gwrthod potal o stowt yn tŷ – dwi'n cofio'n iawn."

"Fysa'n stowt ofnadwy efo lot o betha wyt ti wedi neud – dwi'n gwbod hynny!"

"Ylwch! Dwi'm yn trio deud 'mod i'n deilwng o ddaffod creia sgidia Taid, ond fo a Nain roth fi ar ben ffor' efo'r busnas jôcs 'ma, 'de…"

"Be ti'n rhuo?"

"Clwb y Cymro, Clwb yr Herald… Dach chi'm yn cofio? Colofn D'ewyrth Huw a ballu… Pum swllt am bob jôc…"

"Hannar coron…!"

"Ia, ocê – ond o'n i wrth 'y modd. Pres am ddim byd, dyna o'n i'n feddwl… a ddim jest sgwennu jôcs o'n i'n neud… O'n i'n ennill ffortiwn ar circuit steddfoda Llŷn ac Eifionydd pan o'n i'n chwe blwydd oed! Dach chi'm yn cofio Neuadd Mynytho? Llwyd o'r Bryn yn beirniadu…"

"Ma gin i ryw frith go'…"

"Dwi'm yn cofio be o'dd y gerdd ond mi oedd Taid wedi nysgu fi rêl boi a'n siarsio fi i glochdar y coc-a-dwdl-dw gin y ceiliog ar ei diwadd hi…"

"Mi gest ti'r wobor gynta gynno fo!" medda'r Hen Fod.

"'Dyma fo'rrr ffarrrmwrrr!' medda Llwyd o'r Bryn. Dwn i'm be o'dd ar y creadur… Ffarmwr, myn uffar! Ma raid bod o'n meddwl na ffarm o'dd Sgubor Goch ne rwbath!"

"Do, chwara teg, mi gest ti seilia go lew," medda'r Hen Fod, o'dd i weld fatha tasa hi'n dechra meirioli o'r diwadd. "Mi fysa dy daid wedi bod wrth ei fodd dy weld di'n ennill rwbath yn y Steddfod Genedlaethol. Tyrd yn d'laen! Pam nad ei di am y Gadar leni jest i mhlesio fi?"

"Un snag bach, Mam," me' fi. "Fedra i ddim barddoni, na fedra?"

"Be di'r ots am hynny? Fedrat fynd am y goron ne rwbath, medrat? Fyswn i'n anghofio am y lol comedi 'na, beth bynnag. Ella bo' chdi'n dda iawn am adrodd yn chwe blwydd oed, ond dwn i'm be ddigwyddodd i chdi wedyn…"

Ac ar ei ben bo'r Go-ron, ia!

Sut oedd yr hen gân wirion honno'n mynd, dwch? 'Gwan y gwêl y fran ei chyw', ia? Paid â gyrru dy *fab* ar y llwyfan, Mrs Jones! Ma hi wedi mynd i'r diawl, tydi, os nag oes gin dy fam dy hun yr un Gronyn o ffydd ynddat ti. O'dd y ciw dôl yn stretshio yr holl ffor' lawr y lôn at y Crown, ac o'dd hi'n amlwg bod yr Hen Fod yn benderfynol o 'nghadw fi yn'o fo!

CHWARA I'R GALERI...

O'dd Gwenllian 'cw wedi mynd i St Philbert-de-grand-lieu efo teulu'i ffrind, y Gunston-Cwdrags o Radyr, ac o'dd Siân a'i mham wedi mynd am drip i den Haag yn yr Iseldiroedd (y porthladd 'na lle ma Bush a Blair yn rhoid pawb ond nhw'u hunan yn y doc).

Tro ar fyd, ia? Mi o'dd yr hogyn wedi ca'l caniatâd swyddogol i fynd ar ben ei hun i Steddfod. Dwi'n tueddu i gytuno efo'r hen WAG Dodri'r Organ na lle boring, boring, boring ydi'r Maes, ia, ond mi o'n i wedi taflyd lot o hen straeon at ei gilydd a'i alw fo'n llyfr o'r enw *Chwarter Call* ac o'n i wedi gaddo i Miss Awen Gwales y byswn i'n ei helpu hi i'w lawnsio fo. Os o'dd un dwrnod yn y Steddfod yn ddigon da i un o ddisgynyddion Syr Clough Williams-Ellis, o'dd o'n ddigon da i finna hefyd.

Drefio lawr y dreif i'r Steddfod a meddwl tybad sut bysa'r hen Syr Meical dyffar yn teimlo tasa fo'n gweld y stad sy ar ei stad o bellach: Gŵyl y Vinyl a Royal National Eisteddfod Co. Ltd. yn treisio'r erwa, chwadal Steve Eaves: plant y werin datws yn cynnal rhagbrofion yn ei eglwys fach breifat o a bob dim. Does 'na ddim byd yn sanctaidd heddiw 'ma, nag oes?

Ma bod yn Steddfod heb Siân fatha bod yn Michelin heb ddim 'guide'. Bicish i mewn i'r Celf a Chrefft am stag a dyna lle roedd yr hen Kyffin Wilias ei hun yn rhegi ac yn rhwygo ynglŷn â safon yr expedition. Peintio mynyddoedd a ballu ydi petha Kyff a doedd o ddim yn meddwl bysa'r 'nialwch afon-gard 'ma'n apelio dim at y werin. Dwn i'm be mae o'n wbod am y werin, cofia, a fynta'n gymaint o Syr. Ond, dyna fo, o'dd hi'n reit braf bod yn ôl yn Eryri a'r Kyffiniau…

Do'n i'm yn nabod enaid byw yn y Steddfod: mi o'dd gin i dipyn o amsar i ladd cyn seinio llyfra ac mi esh i draw i'r Babell Lên i weld os bysan nhw'n licio i mi ddeud stori wrthyn nhw. Ond yn anffodus mi o'dd y boi 'na o'dd yn actio 'Deryn' ar S4/C ers talwm wedi cyrradd o 'mlaen i.

"Sori mêt!" mo. "Dwi'n darllan straeon gin Harri Parri bob dwrnod wsnos yma, yli."

"Be sy haru'r Harri 'ma?" medda fi. "Faint o Hufan ma'i Foch Bach o isho? Fysat ti'n meddwl bysa fo'n fodlon rhoid tshans i rwbath fengach, bysat?"

"Paid â sbio arna i!" medda'r 'Deryn'. "Dos i weld y Pwyll Go Llên os t'isho cwyno!"

"Wyt t'isho peint?" medda Bob Blaid Bach wrtha i yn y Baball Lysh.

"Na, dwi'n dreifio, 'sti!" medda fi.

Dyn bach pwysig ne beidio, o'n i'n falch ar diawl o weld Bob. Mae o'n fodlon potio yn y Steddfod bellach, yli, achos bod y peth wedi ca'l bendith swyddogol, ac ar ôl dau beint o Guinness ma hyd yn oed otto-maton fatha fo yn swnio rwbath yn debyg i fod dynol.

"Sut ma dy fam?" medda fo wrtha fi, trio ffalsio i neud yn siŵr o'i fôt lecsiwn nesa reit blydi siŵr, ia.

"Dwi'm yn gwbod," medda fi. "Ma hi wedi mynd efo Brenda i weld Joni Wili yn Phuket. Deud wrtha i, ti'm yn digwydd nabod y Pwyll Go Llên 'ma, nag wyt? Ma'r basdad yn trio cadw straeon yr hogyn dan yr hatshis."

"Be ti'n ddisgwl?" medda Bob. "Twyt ti'm yn ffitio'r canon llenyddol, nag wyt?"

"Canon llenyddol?" me' fi. "Be uffar ydi hwnnw?"

"Ti'n gwbod," medda Bob. "Diffiniad y dosbarth canol o be 'di diwylliant…"

Ond dyna fo'n stopio'n stond ar ganol brawddeg pan welodd o rwbath arall yn sefyll yn y ciw cyrri tu nôl i mi. Chwara teg i ddiawl, ma'n siŵr bod Aelod Seneddol yn haeddu dipyn bach mwy o sylw na fi, yndi?

"Esgusodwch fi!" medda Greta Grabo gan wthio heibio fi efo meic yn ei llaw. "Wy'n trial cynnal cyfweliad man hyn."

Be sy haru'r mast-media 'ma? Ma'n nhw'n disgwl i'r dorf hollti fatha'r Môr Coch o'u blaena nhw os ydyn nhw isho gneud rwbath i'r teli. Dyma'r cameras a'r sain yn gwthiad yn ddigwilydd o'n blaena ni ac yn rhoid hergwd i ni allan o'r ffor'…

"Watshia mheint i'r ast!" medda Sosej Tomos, bôr y Steddfod sy'n dŵad adra o Coventry yn ddeddfol bob blwyddyn ers 10 CC. "Wedi pwdu ma hi, 'sti."

"Pwy?" me' fi.

"Y Greta Grabo 'na! Ma hi wedi arfar ei lordio hi, tydi? Warpole Court, Tŷ Ddewi, Celtic Manor, Casnewydd… Oedd hi'n sbio 'mlaen yn ofnadwy at ga'l aros yn y Seiont Manners leni ond ma'r BBC wedi torri'n ôl ar y treulia, tydi? Ma'r gotsan yn gorod ei slymio hi mewn hofal yn Bethesda tro 'ma, yli!"

"O 'ngenath i! Bechod drosti! Pa fodd y cwmpodd y cedors, ia?" medda fi.

"Bandewijn Morgan!" medda Greta wrth ei fictim diweddara. "Shwt deimlad yw bod ar rester fer Dysgwr y Flwyddyn?"

Byd yn fach, yndi? O'dd Bandewijn wedi dŵad yr holl

ffor' o'r Iseldiroedd lle ro'dd 'y ngwraig i ar ei holides. Dwi'n siŵr bysa Kyffin wedi myllio yn yr Iseldiroedd – dim mynydd ar gyfyl y lle yn nunlla. Ond "Be 'di'r iws peintio'r Wyddfa?" chwadal Fferat Bach ers talwm. "Mae o'n ddigon del fel mae o, yndi?"

'Chwarter Call' ddeudist ti? Wyt ti rioed wedi trio darllan yn uchal ym mhabell y Cwango Llyfra yn Steddfod? Dyna lle ro'n i'n straffaglu fatha athro o flaen dosbarth yn Higher Grade ers talwm, yn gweiddi nerth 'y mhen ac uffar o neb yn gwrando arna fi. Pobol yn mynd a dŵad trw'r amsar, staff y Lolfa'n hwrjio 'Becks' ar bawb, meddwl bod nhw'n 'Posh', a Twm Morys a'r Enllibion yn cadw reiat ar y Maes tu allan fatha tasa Bob Delyn yn y byd ar waith! Lawnsiad myn uffar! A'th o lawr fatha'r *Titanic*. Ond ti'n gwbod be ddigwyddodd wedyn, twyt? Dyma 'na ryw gwdyn o'r Steddfod yn dŵad draw i ddeud wrtha i am beidio â gweiddi cymaint, bod nhw'n 'y nghlwad i yn y pafiliwn!

Be sy wedi digwydd i swyddogion y Steddfod? Oeddan nhw'n arfar bod yn hen hogia iawn, yn mynd o gwmpas eu petha yn hamddenol braf. Ond ma'n nhw fatha tasan nhw wedi troi'n hen fasdads blin dros nos, yn pigo ar bobol fatha fi a phobol ifanc Maes B a ballu. Ma'n nhw mor ddig â Dig-by Jones, y CBI – y boi 'na sy'n taeru bysa Deddf Iaith Newydd yn dinistrio economi Cymru am byth. Dyna ydi'r trwbwl efo trio gneud y Steddfod yn fusnas, ia? Mae o'n rhoid straen uffernol ar bawb heb isho. Pam na ro'n nhw fags iawn iddi yn lle malu cachu? Busnas, ddeudist ti? Y pres ma'r Opera Genedlaethol yn ga'l bob blwyddyn, tydi hynny ddim yn fusnas i neb!

"So *Lol* fel o'dd e dan Eirug Wyn, ody fe?" medda un aelod o'r sefydliad ar ôl y llall ar Radio Cymru. Pobol na roth eu penna dros y parapét cymaint ag unwaith yn eu bywyd yn gweld hiraeth mawr am y dyddia da pan o'dd rebals yn rebals go iawn tra bo' nhwtha'r cyfryngis yn chwerthin yr holl ffor' i'r banc, ia.

Blin? Pwy fi? O'n, mi o'n i, os wyt ti isho gwbod! Blin fysa chditha hefyd, tasa chdi'n cario croes fatha oedd gin i i'w chario… O'n i'n cachu brics seis tens trw'r wsnos wrth feddwl be oedd o 'mlaen i. O'n i'n dyfaru'n enaid bo' fi wedi hyd yn oed ystyriad y peth… Tydi tyrcwn ddim yn fotio o blaid Dolig ran amla, na 'dyn? Ond fi oedd y Turkey yn Turkey Shore heno!

Ar eiliad wan mi o'n i wedi cytuno i gamu ar y llwyfan cenedlaethol am y tro cynta, a gneud 'yn hun yn gyff gwawd gerbron y genedl gyfa am awr a hannar o stand-yp yn Theatr yr Ab-swrd yn Noc Fictoria!

Tro dwutha o'n i yn y Galeri o'dd wrth ben cloc yn ysgol Sul Moreia ers talwm yn saethu bwleti gwn-tatws at benna moel blaenoriaid. Erbyn hyn dwi'n foel 'yn hun ac mae'r 'Galeri' wedi troi yn ganolfan celfyddyda Cynarfon. Faint o hogia dre sy'n mynd yno, dwi'm yn gwbod, achos o'n i'm yn nabod neb yno. Sôn am Steddfod sych!

Ma hi wedi mynd, tydi? Bob Blaid Bach yn potio ar y Maes; Siân a'i mham yn smocio dôp yn Amsterdam a finna mor sobor â llond Caer o Saint yn fan hyn, yn barod i wynebu cannoedd o bobol yn ista rownd byrdda ac yn lyshio yn yr awditoriwm. Dyma fi'n cymyd sbec syd heibio'r cyrtan i weld faint o'dd yno… Nesh i ddim llewygu, ia, ond o'n i bron iawn â pheintio! Denig i'r bar a meddwi'n gaib ulw rhacs nes bo' fi'n methu codi heb sôn am berfformio. Ond wedyn yn sydyn gesh i ryw nerth o rwla. Tydi pobol sy'n teimlo'n isal ddim yn medru chwerthin, medda llawlyfr

Ha-ha yoga Siân. Ond tydi pobol sy'n chwerthin ddim yn medru bod yn isal… Dyma fi'n dŵad ata fy hun, rhoid clec i 'mheint a 'nelu am y stêj fyny grisia…

"Lle ti'n feddwl ti'n mynd?" medda'r boi ticedi wrtha fi.

"Ar y llwyfan," me' fi. "Dwi'n mynd i berfformio 'ma."

"Nag wyt Tad," medda'r boi. "Dwi'n nabod chdi. Ti'n dŵad o Sgubs. Steve Eaves sy 'ma heno!"

"Ma Steve Eaves a fi yn nythu dan yr un bondo bellach!" me' fi. "Ddim niggar-boi, John boy ydw i, reit? Ma'r Co yn ôl yn y dre, yli. Twll dy din di, canon!"

Y BABELL LÊN
DYDD MAWRTH - 12.15

ADAR GLAS CAERDYDD

(PROPS: CRYS CARDIFF CITY; RATL)

Ar ail ddiwrnod y Steddfod, dyma'r hogyn yn rhedag ar y llwyfan wedi'i wisgo fel un o selogion pêl-droed Caerdydd gan ratlio ei ratl a llafarganu slogana fel slecs...

"Car-diff City! Car-diff City!"

"Do the Ayatollah!"

"Joe Ledley!"

"Paul Parry!"

"Aaron Ramsey!"…

Wel, ddim Aaron Ramsey ella. Ma'r diawl bach wedi'n bradychu ni ac wedi 'miglo hi draw i Arsenal…

Arse, arse, Arsenal, fel byddan nhw'n deud, ia. Dim ond jocan, Aaron bach. Ti werth y byd, cofia. Dyna pam ma 'na ddwy 'aa' yn Aaron, 'de. O'dd pawb yn ochneidio 'aa' pan nath o adal. Bechod bod rhaid i'n hogia gora ni i gyd fynd i Loegr, yndi, ond dyna fo. Cefnogi tîm 'ych dinas 'ych hun, dyna be sy'n bwysig, ia. Dwn i'm be sy haru hogia'r gogs 'na, Welsh Nashis mowr bob un wan jac ohonyn nhw. Cwbwl gei di gynnyn nhw ydi Man U hyn, Lerpwl llall, Everton… Be sy'n bod ar Wrecsam? Wel, dwi'n gwbod yn iawn be sy'n bod arnyn nhw – be 'di'r pwynt gweiddi Wrecs, Wrecs, Wrecsam? Ma'n nhw'n ddigon o wrecs yn barod, yndyn. Non-league, myn uffar i! Pa fodd y cwmpodd y cedors, ia!

Co Dre ydw i, ia, a dyna fydda i am byth, ond dwi'n byw yn y ddinas 'ma ers deng mlynadd a rhigian bellach… A rhigian dwi'n feddwl ar ôl yr holl SA Brains dwi wedi yfad! Tro dwutha o'dd y Steddfod yn Gaerdydd o'n i'n persona non Goronwy go iawn. Pawb am 'yn lladd i am ddifetha'u papur bro nhw efo'n sgwennu sâl… Ac ma hi wedi bod yn Thirty Years War byth ers hynny! Dyna pam gesh i sioc ar 'y mhen-ôl pan gesh i wahoddiad i ddŵad i berfformio mewn lle mor gysegredig â hwn…

[Methu credu]

Chwartar wedi deuddag yn y Babell Lên: slot da ydi hwn, meddan nhw i mi. Y slot ar ôl y slotian ma'n nhw'n ei alw fo.

Ma'r beirniaid canu i gyd wedi bod yn sglaffio byrgyrs oen Cymreig a'u golchi nhw lawr efo galwyni o SA wrth y bar yn fancw, ac ma'n nhw'n tueddu i ddŵad i mewn fan hyn am bum munud o lonydd cyn mynd yn ôl at y cythreuliaid canu 'na yn y pafiliwn. Ma'n nhw wedi laru cymaint ar wrando ar bobol yn canu ffaldi-raldi-raldi-ro ers chwech o'r gloch bora, mi chwerthan ar rwbath – 'yn gnewch, hogia? Hitiwch befo am y byrgyrs oen Cymreig. Ma'n nhw'n haws eu trin na'r byrgyrs canu 'na!

Ydi wir, ma hi'n grêt ca'l bod yma! Chesh i ddim gwadd gin y cachwrs yn Steddfod Cynarfon... Ond dyna fo. Cheith proffwyd mo'i gydnabod yn ei wlad ei hun, na cheith?

"Ti'n galw dy hun yn broffwyd?" medda'r Hen Fod wrtha fi.

"Nag 'dw," medda fi. 'Ond mi fyswn i wedi medru predictio hynna!"

[Wrth y camera]

"Ôl-reit Mam? Dach chi'n iawn?"

Dim ond Mam sy'n nabod fi yn Dre 'cw bellach. Ond dyna fo. Sori am ddoe, Mam, gesh i'r wiji-bijis ac a'th 'yn meddwl i'n blanc. Glywsoch chi am y stand-yp comedian, do? Yn fyw ar y teli, ond yn marw ar y stêj! Ma Mam wedi'n siarsio fi i wisgo trôns glân jest rhag ofn... Tasa ffasiwn beth â mod i'n trengi ar y llwyfan, 'de – dwi'n gwbod mod i'n edrach yn ifanc ond jest cofiwch na Hen Gorff ydw i, reit?

'Ych tywys chi o gwmpas y fro, dyna'r ordors dwi wedi ga'l heddiw... Toedd Betsan Tywys ddim ar ga'l, felly fydd rhaid i chi ddŵad am drip efo drip fatha fi. Silver Star Service cofiwch, os ca' i fod mor hy â rhoid hysbýs. Fydda i'n gweithio i'r cwmni bysus 'ma weithia pan dwi ar y dôl. Dwi'm yn codi dima ar neb heddiw 'ma ond ma croeso i chi adal tip wrth y drws ar y ffor' allan, os dach chi isho...

[Gan weiddi ar aelod o'r gynulleidfa]

P'nawn da, Misus! A chroeso i'r ardal. Ddeffrodd hynny chi, do! Ydach chi wedi bod yn Bontcala o'r blaen? Sori! Dach chi'm yn 'y nghlwad i. Pontcala! O'dd HTV yn arfar bod fama ers talwm, o'dd S4C jest i fyny'r ffor' a'r BBC i fyny fforcw... Sdim isho gofyn pam bod nhw'n galw'r lle yn Bontcala, nag oes?!

Yn Bontcala ma lot o'r cyfryngis Cymraeg yn byw: agos i'r dre, agos at y Stadiwm ac yn agosach byth at y Cameo Club lle ma'n nhw'n medru sbio yn y gwydr a gweld neb ond ei gilydd. Ma'n nhw i gyd yn byw mewn tai Georgaidd mawr crand, gwerth tua hanner miliwn yr un. Mi o'dd San Ffagan yn ystyried prynu'r tai i'r genedl ond mi o'dd y genedl wedi'u prynu nhw'n barod.. Dim ots be dach chi'n chwilio amdano fo gyda'r nos – Mochyn Du 'ta Halfway Inn – ma pob dim ar ga'l yn Bontcala!

Yn bersonol, toes gin i ddim mynadd o gwbwl efo'r lysho 24/7 'ma, a dwi'n meddwl na mistêc ydi gwerthu lysh ar y Maes. Meddylia am y 'roar' fydd gin y Côr Roarpheus 'na ar ôl pum peint o Guinness! Dwi'n meddwl dylsa pob côr orod chwthu mewn i'r bag lysh cyn cystadlu, union fatha'r drygis yn Olympics Beijing, a'u taflyd nhw allan os o's rhaid!

[Wrth aelodau eraill o'r gynulleidfa sy'n cyrraedd yn hwyr]

Su' mae, hogia! Sut dach chi ers talwm? Dwi'm wedi'ch gweld chi ers dyddia'r New Ely, naddo? Dowch i mewn, 'steddwch lawr – gwell hwyr na hwyrach, ma'n siŵr!

Dim o gwbwl! Sdim isho i chi ymddiheuro. Tydach chi'n styrbio dim arna i siŵr... Ma'r ad-libs yn well na'r sgript yn amal iawn! Croeso i'r Baball Lên a chroeso i'ch gwragadd chi hefyd… Hynny ydi… Dwi'n cymryd na'ch gwragadd chi ydyn nhw. Peidiwch â phoeni! Sonia i ddim byd am y 'zwmbas' oeddach chi'n arfar neud yn y pyb ar nos Sadwrn. Ma'ch cyfrinach chi'n saff efo fi, reit?

Toeddan nhw'n ddyddia da, dwch? 'Nôl yn y saithdega… Oedd hi'n cymryd tua tri dwrnod i ddod lawr i Gaerdydd ers talwm, doedd? Oni bai bo' chi'n cymryd trên wrth gwrs… Fysa hi'n cymryd pythefnos wedyn! Erbyn i chi newid yn Gaer a newid yn Crewe… Platfform 4B – chi'n cofio? O'n i'n falch uffernol o gyrraedd Caerdydd yn fyw… To'n i rioed wedi bod dramor o'r blaen! Na, wir i chi rŵan, Misus! O'dd o fatha landio ar blanet arall. O'dd pobol Caerdydd yn meddwl bod y gogledd yn dechra yn North Road yn fancw! 'Valleys' oedd bob dim tu hwnt i hynny, hyd yn oed os oeddach chi'n byw ar ochra'r Wyddfa! 'Cêdiff born an' Cêdiff bred', chwadal Frank Hennessey, 'And when I dies, I'll be Cêdiff dead!', ia!

Pan ddoish i lawr i Gaerdydd gynta mi welish i graffiti reit ryfadd ar wal y lle chwech yn y New Ely:

ALL WELSH ARE BASTARDS!

'Diolch am y croeso!' medda fi wrth 'yn hun. Ond erbyn noson wedyn oedd yr artist wedi newid ei feddwl… O'dd o wedi dŵad draw efo'i ffelt-tip i achub ei gam ei hun, a be welson ni oedd cywiriad swyddogol yn y bog:

ALL WELSH ARE BASTARDS!
(EXCEPT CARDIFF WELSH)

Dyna i chi wahaniath ma deng mlynadd ar hugian yn neud, ia! Ma'r ciws am addysg Gymraeg yn y brifddinas yn hirach na'r ciws i'r lle dentist heddiw 'ma! Fedar y Cyngor Sir ddim dal i fyny efo nhw!

Ma 'na tsunami seicolegol wedi digwydd yma, hogia! Fysa George Thomas yn troi yn ei fedd tasa fo'n gwbod... a Glenys a Neil hefyd! Ma'r 'Cardiff Welsh' wedi dŵad at eu Cyn-coed! Ystyr 'Cardiff Welsh' heddiw 'ma ydi 'Cymraeg Caerdydd'!

A dach chi'n gwbod be? Dwi'n gwbod un peth i sicrwydd – fysa dim o hyn wedi digwydd o gwbwl tasa'r hogia wedi colli'r connection 'na ar Platfform 4B yn Crewe yn 1975!

Ddigwyddish i weld Pat O'Mara yn yr Heath diwrnod o'r blaen. Oedd o newydd fod yn danfon ei or-wyrion i Ysgol Gymraeg y Mynydd Bychan a dyma fo'n troi ata i a deud: 'D'you know, Dai, you've changed so much. You used to sound like a Gog, but now you just sound ... Welsh!'

[Gan edrych ar ei oriawr a chyfarch rhywun tu ôl i'r llwyfan]

Iawn, Meinir! Fydda i ddim yn hir rŵan...

[Wrth y gynulleidfa]

Sori! Dach chi'n nabod Meinir, yndach? Meinir Orsaf ma'n nhw'n 'i galw hi. Hi sy'n rhedag y Babell Lên 'ma, neud yn siŵr bod bob dim yn rhedag ar amsar a siarsio'r beirdd i adal eu poteli gwin yn y cefn cyn y Talwn a ballu...

"Y'ch chi wedi ca'l 'ych make-up?" medda hi wrtha i bora 'ma.

"Sdim isho make-up arna i, w'chi," me' fi. "Dwi'n neud o i gyd i fyny p'run bynnag."

"Ma rhaid i chi ga'l colur," medda hi, "ne byddwch chi'n sheino ar y teledu."

"Be dach chi'n feddwl, 'sheino'?" medda fi. "Dwi'n gobeithio disgleirio fel seren y gogledd ar y stêj heddiw 'ma!"

Peth dyfara nesh i! Dwi wedi dysgu na tydi o'm yn talu i gracio jôcs efo Meinir ne ma hi'n beryg i'w gwynab hi gracio... Anghofiwch am Robin McBryde. Meinir ydi ceidwad y cledd yn fan hyn! Un cam allan o'i le ac mi fydd y cledd o'r wain a fydd dy ben di'n rowlio i lawr y stryd i ga'l dybl brandi efo Marie Antoinette yn y Cayo Arms!

Allan â fi nerth 'y mhegla i'r cwt coluro yn y cefn 'cw a dyna lle ro'dd sêr y sgrin i gyd yn ciwio fyny i ga'l smwddio'r rhincla 'ddar eu gwyneba... Huw Eicon, Hŵal Gwynfyd, Alwyn Orpheus a phawb. Tasa'r llyfr llofnodion gin i fyswn i wedi gofyn am otograff...

"Cudd fy meia rhag y werin, ia!" medda fi wrth y boi o'dd yn ca'l gneud ei aelia wrth 'yn ymyl i.

"Good Morning Wales!" medda'r boi fel bydd o fatha cloch ar y radio bob bora.

"Rhun ap Iori, y con'!" me' fi. "Sut wyt ti ers talwm?"

"Iawn, 'sti!" mo. "Synnu gweld chdi yma. O'n i'n meddwl bysat ti wedi cadw'r colur gest ti tro dwutha..."

"Ma dwy flynadd ers hynny!" me' fi. "Dwi'n gwbod bod hi'n fain ar y BBC ond does bosib bod nhw wedi torri'n ôl ar y mags yn y Max Factor!"

"Sori'ch styrbo chi!" medda'r fodan colur gan straffaglu hynny fedra hi i dynnu brwsh drw' 'ngwallt i. "Ma'ch cyrls chi'n wyllt iawn bore 'ma! So chi'n nabod Rhodri Morgan, y'ch chi?"

"Ddim yn bersonol, nagdw," me' fi. "Pam?"

"Dim byd," medda hi. "O'n i jest yn meddwl tybed os o'ch chi'n iwso'r un hairdresser!"

Ta-ta tan toc. Wela i chi ar strydoedd Caerdydd heno 'ma. Peidiwch â gneud dim byd fyswn i ddim yn neud.

AGORIAD Y QUEENULLIAD

Rhun ap Iorwerth yn cyfweld â'r Dyn Dŵad ar ddiwrnod agoriad swyddogol y Cynulliad, 1 Mawrth 2006.

GOLYGFA 1
Ext / Cynulliad Newydd

Rhun a Gron yn cerdded i fyny'r grisiau tuag at yr adeilad yn gwisgo'u cenhinen yn eu capiau.

RHUN: Goronwy Jones... Fel dyn dŵad sy wedi byw yn y brifddinas ers deng mlynedd ar hugain, beth yw'ch barn chi ynglŷn ag adeilad newydd y Cynulliad?

GRON: Neis meddwl bod y Cwîn a'r Diwc yn dŵad lawr i agor o, yndi? Ma'n nhw'n driw iawn i ni chwara teg. Dŵad lawr i'r docia 'ma bob cyfla gân nhw. Ma hi'n bwysig bo' ni'n smentio'r special relationship rhwng y ddwy wlad, yndi? *(Gan oedi a phwyntio at y bae)* O'dd 'na dafarn lawr fancw – y Big Windsor o'dd 'i enw hi – ma'n nhw wedi troi'r adeilad yn lle cyrri erbyn hyn ond pwy sy'n poeni ia, os ydi'r 'Big Windsors' eu hunain yn dŵad lawr i'n gweld ni? Nhw ddaru agor y Cynulliad cynta yn '99 de, ti'n cofio? Dwi'n meddwl bysa fo'n beth neis iawn o ran parch i'r hen Gwîn tasan nhw'n ailfedyddio'r lle 'ma yn Queenulliad, 'sti!

RHUN: Queenulliad?

GRON: Ia, Queenulliad Cenedlaethol Cymru 'de! Ti'n
           meddwl medar y Diwc fanijo'r steps 'ma?

GOLYGFA 2
Int / Queenulliad Newydd

Rhun a Gron yn rhodio drwy gynteddau y cysegr sancteiddiolaf, i
fyny at yr oriel gyhoeddus.

RHUN: Beth am yr adeilad ei hun? Ma rhai wedi
           ei ganmol fel campwaith o bensaernïaeth
           Ewropeaidd. Beth yw eich barn chi fel dyn
           cyffredin?

GRON: Wel, ma gin George Bush ei dŷ gwyn, does? Iawn
           i ninna ga'l 'yn tŷ gwydr, yndi? Dwi'n poeni
           dipyn bach am yr iechyd a'r diogelwch, cofia.
           Be tasa'r forces sweetheart, Katherine Jenkins,
           yn taro top C yma rywbryd? Ne deud bod Bryn
           Terfel yn canu 'Rule Britannia' yn arbennig o
           fas-tadaidd... Fysa'r lle 'ma'n chwildrings mân,
           bysa? Ond dyna fo, ma'n nhw'n deud cawn ni
           lywodraeth mwy transparent rŵan, o leia! (*Yn*
           gyfrinachol wrth Rhun) Deud gwir wrtha chdi,
           dwi wedi gweld drw'r diawlad ers blynyddoedd.
           Dwn i'm be ma'n nhw'n galw nhw'n AMs –
           dydyn nhw byth yn codi tan pnawn! Da ydi'r
           oriel gyhoeddus 'ma – braf medru sbio lawr
           arnyn nhw, tydi?

Gron a Rhun yn sbio i lawr ar y siambr ddadlau o'r oriel
gyhoeddus.

RHUN: Beth am y gost? Chwe deg saith miliwn. Ydach
           chi'n meddwl bod o werth o?

GRON: Ma'n nhw'n deud bod hi'n bwysig buddsoddi
          mewn brics a mortar, yndyn? Na'th y 'Sant
          Steffan' 'na drio nadu ni alw fo'n Senedd, sti,
          ond naethon ni ddim gwrando arnyn nhw.
          Bwysig ca'l foreign policy call, tydi? (*Gan
          dynnu'n ôl yn syth*) Er, sgin i'm barn am Irac
          chwaith, cofia, fwy na sgin titha. 'Follow my
          leader, ia?' fel dwedodd y Prif Wanidog. 'Dan
          ni'm yn gwbod y ffeithia nac 'dan, a tydi o'm yn
          berthnasol i'r Queenulliad eniwê, nadi?

RHUN: Ydach chi'm yn credu bod yr adeilad yn rhoi
          tipyn o urddas i'r llywodraeth?

GRON: Be ma'n nhw'n mynd i neud efo'r hen Gynulliad,
          dyna be sy'n 'y mhoeni fi! (*Gan fyfyrio ar y pryd*)
          Droi o'n House of Lords? Na, ma 'na ddigon o
          ail gartrefi yng Nghymru'n barod, does? Symud
          y gwasanaeth sifil o Barc Cathays – dyna i ti
          be fysa'n syniad… Dwi'm yn meddwl bod rhei
          o'r Civil Servants 'na'n gwbod am fodolaeth
          y Queenulliad, sti. Tasat ti'n eu symud nhw
          lawr fan hyn, nes at yr achos, ella bysa'n nhw'n
          clwad be ma'r 'commons' yn ddeud wrthyn
          nhw wedyn!

GOLYGFA 3

Ext / Canolfan y Muleniwm

*Rhun a Gron yn rhodio heibio Canolfan y Mulenium tuag at y
Pier Head.*

RHUN: Roeddech chi'n sôn am Barc Cathays a'r hen
          ganolfan ddinesig, ond bydde rhai'n dweud bod

canolfan ddinesig newydd yn prysur ddatblygu yn y docia 'ma. Fel tipyn o artist 'ych hun – be dach chi'n feddwl o gynllun Canolfan y Muleniwm?

GRON: Yndi, ma'r hen Ful wedi ca'l hwyl go lew arni! Ma'n nhw'n deud bod gin Urdd Gobaith Cymru wersyll yn y dynjwns 'na rwla – un ffor' o gadw aeloda ma'n siŵr, yndi? Dwn i'm faint o bobol leol sy'n dŵad yma, cofia… *(Gan gyfeirio at y 'decking' digwyddiadau)* Sbia ar y maes parcio 'na – does 'na ddim car ar ei gyfyl o!

RHUN: Ddim…

GRON *(Gan dorri ar ei draws a chwerthin)*

Tynnu dy goes di dw i'r crinc! Be sy wedi digwydd i hiwmor y BBC? Dwi'n gwbod na maes Steddfod yr Urdd a ballu 'di hwnna! Fuesh i a'r hogan bach 'cw i'r Steddfod yn fanna llynadd. Chafodd hi ddim stêj, cofia. Prelim? Prejudged, 'sat ti'n gofyn i mi!

GOLYGFA 4

Ext / Pier Head (Y Lanfa)

Rhun yn arwain Gron at y Pier Head (Y Lanfa), gyda'r bryniau yn y cefndir…

RHUN: Cyfrinach cynllunio da, wrth gwrs, yw ceisio asio'r hen a'r newydd. Mae'r Bae 'ma'n gyforiog o hanes diwydiannol. Ydach chi'n gyfarwydd â'r Lanfa yma?

GRON: Pier Head? Yndw, siŵr Dduw! Fydda Taid Nefyn yn arfar rejistro fan hyn pan o'dd o ar y stemars ers talwm. Lwcus bod y lle wedi syrfeifio, 'sat ti'n gofyn i fi. Diawlad drwg ydi Gaerdydd 'ma am ddinistrio'r gorffennol, sti – North Star, Casablanca, Casino – lle ma'r hen glybia o'n i'n mynd iddyn nhw ers talwm? Be o'ddan nhw'n gwario 67 miliwn? Fysa fama wedi gneud yn iawn ar gyfar y senedd red-brick sgynnon ni, bysa? Be ti'n galw rwla sy ddim cweit yn 'senedd' – 'sen' ma'n siŵr, ia? Hitia befo am adeilad newydd, ysbryd newydd s'isho, ia?

RHUN: *(Gan syllu tua'r môr ac yn anadlu'n ddwfn ac yn hunanfoddhaus)*

Bae Caerdydd ar Ddydd Gŵyl Dewi. Deudwch i mi. Ar wahân i'r Prif Weinidog a'r Llywydd, faint o aelode'r Cynulliad fyddech chi'n eu hadnabod o ran eu gweld?

Panio'r Bae am wynebau Aelodau'r Cynulliad ymysg y dorf.

GRON: Amball un, ia! Digon hawdd nabod aeloda Plaid Cymru, yndi? Ma'n nhw i gyd yn arweinwyr. Dwn i'm lle ma'n nhw'n 'yn harwain ni, cofia. Fysa'r Bae 'ma yn gneud marina neis iawn, bysa? Lot neisach na Pwllheli! Ond se no môr am hynny, ia! Ti'n nabod Gerry Mander?

RHUN: Sori?

GRON: Gerry Mander, ia. Siân, y wraig, o'dd yn deud 'tha fi amdano fo. Gerry Mander sy'n trefnu'r manoeuvres i'r llywodraeth, yli. Parashwtio aeloda seneddol o Loegr i mewn i'r Cymoedd, smyglo mwy o Blair Babes mewn i seti saff a

45

ballu. Gerry Mander ydi'r boi 'na sy'n deud y cawn ni senedd go iawn fama ryw ddwrnod gyn bellad â bod cant a deg y cant o bobol Cymru'n cytuno mewn uffarendwm. *(Gan wfftio)* Uffarendwm eto byth! Nefarendwm, yndi?

GOLYGFA 5

Ext / Gardd yn Eli Jenkins

Rhun a Gron yn dŵad allan o'r Eli i'r ardd efo bob o beint ac yn mynd i eistedd ar fainc sy'n wynebu'r stryd, gyda thafarn y Packet ochor arall y lôn.

RHUN: *(Gan godi ei wydr)*

Iechyd da bob Cymro!

GRON: *(Gan godi'i wydr yntau)*

Twll din bob Sais! Ga' i ddeud hynny, caf? *(Gan edrych yn ofalus ar Rhun)* Ydw i wedi dy weld di ar y weiarles ne rwbath, do? Be 'di d'enw di?

RHUN: Rhun ap Iorwerth.

GRON: Ti'n gofyn amdani, dwyt? Dŵad lawr i'r Queenulliad efo enw felna! "Run-up-Yorath? How are you spelling that? Sorry, I've got to ask – it's the bilingual policy, see!" Be wyt ti'n neud lawr 'ma – *day off*, ia?

RHUN: *(Yn syn)*

Na, na! Gweithio ydw i…

GRON: Be ti'n meddwl 'gweithio'? Fi sy'n gneud y siarad i gyd! Dwi wedi gorod dojo gwaith i ddŵad i fama heddiw. Uffar o beth bod ni'm yn ca'l dwrnod off i ddathlu Dewi Sant, yndi?

Does na'm parch, nag oes? Dim ond y Parch. Eli Jenkins!

Siot o arwydd tafarn yr Eli Jenkins y tu ôl iddynt.

RHUN: *(Gan egluro)*

Dach chi siŵr o fod yn gyfarwydd â'r cymeriad? Eli Jenkins allan o *Under Milk Wood*, Dylan Thomas...

GRON: Ia, ia! Be ti'n feddwl ydw i – stiwpid ne rwbath?

RHUN: Dim ond tynnu'ch coes chi, dyna i gyd!

Ymateb Gron – touché!

RHUN: I'r Eli Jenkins bydd aelode'r Cynulliad yn dod i ddisychedu, wrth gwrs... Pa mor amal ydach chi'n dŵad yma?

GRON: Dwi rioed 'di bod yma o'r blaen! I'r Packet dros ffor' bydda i'n mynd, yli, am beint o SA efo'r werin datws...

Siot o'r Packet dros y ffordd.

GRON: Fanna ma'r SAmbli go iawn, ia! Tydi'r hogia'n gwbod dim byd am y Queenulliad, 'sti. Pam ddylan nhw? Does neb ohonyn nhw'n gweithio 'na! Ma'n nhw'n deud bod Tiger Bay wedi troi yn Tiger Economi. Economi pwy, ia, dyna ydi'r cwestiwn. Oeddach chdi'n gwbod bod hi'n Ddydd Mercher Lludw heddiw 'ma? Ma hi'n Ddydd Mercher Lludw bob dydd i lot o bobol ffor' 'ma, 'sti. Fancw dyla'r AMs fod yn potio – nhw sy'n ennill y 'packet', ia, ond be ma'n nhw'n neud am eu pres? No-good boyos, up to no good! Ma hi 'run fath yn union yn Dre 'cw, 'sti – Cynarfon dwi'n feddwl rŵan. Fydd 'na ddim Cofis ar ôl mewn chwartar canrif ar y rêt hyn. Fyddwn ni wedi ca'l 'yn gwasgu allan o fodolaeth… Be ma'r Queenulliad iwsles 'na yn mynd i neud am y peth? Ma'r fro Gymraeg jest â marw isho gwbod!

GORAU TOUR, TÛR ERYR

PYBCROL LLENYDDOL CAERNARFON

Dymunwn eich gwahodd yn gynnes i achlysur arbennig

Cyflwyno cyfrol newydd sy'n dathlu taith newydd:
PYBCROL LLENYDDOL CAERNARFON

Nos Sadwrn, 29ain Ebrill, 2006 am 7.30 yr hwyr

Tywysydd: Llion Williams
Ymgynnull: bar bach/tu allan i'r Blac Boi

Copïau ar werth yno gan Palas Print – £5.50 yr un.

Bydd y digwyddiad yn rhan o ddiwrnod cyfan o weithgareddau BEDWEN LYFRAU yn Galeri: adloniant i'r teulu cyfan; straeon a pherfformiadau a sesiynau sgwennu i blant; sgyrsiau difyr, sesiynau awduron, trafod, perfformiadau, cerddoriaeth, llyfrau newydd a bargeinion i oedolion.
Os am docyn £1 i'r ŵyl (10-6 pnawn):
Galeri (01286) 685222/post@galericaernarfon.com

Ateber os gwelwch yn dda, erbyn 20fed Ebrill:
Gwasg Carreg Gwalch, 12 Iard yr Orsaf, Llanrwst, Dyffryn Conwy LL26 0EH;
01492 642031
neu llyfrau@carreg-gwalch.co.uk

Syndod be ma pum munud ar y teli'n neud, tydi? Syth ar ôl 'y narllediad gwleidyddol i, dyma Bob Blaid Bach yn dŵad draw i ddeud y drefn…

"O'dd hi'n neis iawn gweld dy wynab hawddgar di ar y sgrin unwaith eto," medda fo. "Ond dipyn bach yn siomedig oedd y genedl efo'r perfformiad, cofia…"

"Taw â deud. Be o'dd yn bod arno fo felly?" me' fi.

"Be ddeudwn ni?" medda Bob. "Diffyg balans ella, ia?"

"Diffyg balans?" me' fi. "Be ti'n feddwl ydw i – trapîs artist ne rwbath?!"

"Ma rhaid i ti beidio â bod mor llawdrwm ar y Blaid!" mo. "Nid ar redeg mae aredig, cofia!"

"Be ti'n feddwl 'aredig'?" me' fi. "Dwn i'm os wyt ti wedi sylwi ond ma pawb wedi ca'l Massey Ferguson bellach. O'n i'n meddwl ella bysa petha'n symud dipyn bach ffastach ar ôl ca'l Cynulliad! Yr ordors gesh i gin y BBSî oedd bod bob dim yn ocê gyn bellad â bo' fi'n annheg efo pawb!"

Dyma 'na ryw hannar gwên yn dŵad dros wep yr hen Bob o'r diwedd, a dyma fo'n newid ei dôn ryw chydig.

"Gwranda, Gron," medda fo'n nawddoglyd. "Dwi wedi bod yn dilyn dy yrfa gomedïol di efo cryn ddiddordeb ac mi fyswn i'n licio cynnig gair o gyngor i chdi. Ma gin i ofn bo' chdi allan o dy ddyfnder yn y Bae, 'sti. Fyswn i'n sticio at yr ochor ddiwylliannol i betha taswn i chdi a gada'l gwleidyddiaeth i'r bobol sy'n dallt!"

"Dallt yn iawn, Bob," me' fi. "Ond ma rhywun yn gorod derbyn bob cynnig mae o'n ga'l yn y gêm yma, 'sti! Lwc ac anlwc ydi hi yn y byd showbiz 'ma, ia!"

"Fel ma petha'n digwydd bod, mi dwi mewn sefyllfa i dy helpu di parthed hynny," medda Bob. "Mae 'na ŵyl lenyddol yn Dre 'cw i ddathlu Calan Mai eleni. Ma gynnyn nhw slotia comedi i'w llenwi, yn ôl be dwi'n ddallt... Fysat ti'n licio i mi ga'l gair efo'r trefnwyr ar dy ran di?"

★   ★   ★   ★

"Gron bach, y cont! Be wyt ti'n da adra?" medda Mimw Besda pan gerddish i mewn i'r Eagles.

"Ma raid i bawb fod yn rwla, does?" me' fi.

"Neddy Seagoon ddudodd hynna," medda Sam.

"Ia, dwi'n gwbod," me' fi. "Does na'm ffasiwn beth â jôc

newydd, nag oes? Dwi wedi ca'l gwadd gin y Fedwen Lyfra i neud sesiwn stand-yp."

"Pw' 'di Medwen Lyfra?" medda George Cooks. "Y fodan 'na sy'n rhedag Palas Print, ia?"

"Gŵyl lenyddol ydi'r Fedwen Lyfra," medda fi. "Silver Birch ydi Bedwen."

"Ceffyl da, Silver Birch," medda Mimw. "'Nillodd o'r 'King George' deirgwaith."

Fydd Mimw'n licio mynd lawr i weld ei fêt William Hill bob pnawn Sadwrn…

Os ydi o'n ennill, fydd o'n brolio wrth ei wraig bod o wedi bod yn y bwcis ond os ydi o'n colli, fydd hi'n gwbod yn iawn bod o wedi bod yn gweld y tur-fuck-owntant…

Betio ar ffêfrets fydd o ran amla… Wyt ti wedi clwad am y transvestite 'na – fifty-fifty Bet?

"Be ti'n feddwl 'fifty-fifty bet', cont?" medda Mimw. "Ma honna'n blydi *cert*!"

Ma pawb yn gwbod na rasio ydi'r Sport of Kings, yndi? Ond pwy oedd y joci mwya snoti rioed? Lester Piggott-trwyn, ia! Fydda Piggott yn reidio lot i'r cwîn ers talwm ond toedd o ddim yn ennill bob tro achos bod y ceffyl yn cadw'i dalent dan Lester…

Tydi Mimw ddim yn dallt honna achos na tydi o ddim yn nabod ei Feibil yn dda iawn… sy'n dipyn bach o broblem pan ti'n trio cracio jôcs – tydi pobol ddim yn dallt y gwreiddiol bellach, heb sôn am weld yr eironi…

"Wyt ti'n gwbod be 'di eironi, Mimw?" medda Bob.

"Be ti'n fwydro, cont?" medda Mimw. "Y wraig sy'n neud y smwddio yn tŷ ni!"

"Pam ti'n dŵad â Bob Blaid Bach i fama?" medda George. "Ti'm yn ca'l dŵad â dôp i'r pyb dyddia yma, 'sti!"

"Bob sy'n trefnu'r Fedwen Lyfra," me' fi. "'Dan ni'n mynd am bybcrol llenyddol rownd Dre 'ma i weld lle o'dd bobol enwog Cynarfon i gyd yn potio – Wil Napoleon a Wyn Davies, Louis a'r Rocyrs a phawb! Dangos i weddill pobol Cymru lle o'dd 'yn sgwenwrs ni'n arfar lyshio a ballu, union fatha ma'n nhw'n neud yn Nulyn…"

"Yfad Guinness ma'n nhw'n neud yn Dublin!" medda George.

"Da iawn, George," medda fi. "Caria di 'mlaen i yfad o – ma 'na lot o eironi mewn Guinness, does?"

Does 'na neb diarth byth yn dwad i fewn i'r Eagles a dyma'r hogia i gyd yn troi rownd fatha cowbois mewn salŵn pan ddoth 'na griw teledu drw'r drws a dechra ffilmio…

"'Cwmpeini Da' ydi'r rhein," medda fi wrth yr hogia i drio arbad trwbwl.

"Be sy, cont?" medda Mimw. "Ydi'r hogia ddim yn gwmpeini digon da i chdi?"

Dyma bòs y cwmni yn codi'i law ar Bob Blaid Bach ond dyma Bob yn ei anwybyddu fo jest rhag ofn i'r hogia feddwl bod o'n snob a bod nhw'n gwrthod fotio iddo fo tro nesa.

"Sut ma dy fam, George?" medda Bob gan drio tynnu George i mewn i'r sgwrs.

"Totally house-bound," medda George. "Ma'r mab 'cw'n gweithio i'r cownsil, yndi, ac mae o'n dwad â meals-on-wheels iddi bob wsnos…"

"Pryd-ar-glud," medda Bob.

"Na, mae o wedi callio rŵan, 'sti," medda George. "Tydi o'm yn sniffio gliw ddim chwanag."

Dyma'r bòs yn gweiddi hisht ac yn dechra rhoid ordors i weddill y criw gan gynnwys canwr gwerin o'r enw Sven Løvgren oedd ar fin canu cân o'r enw 'Yma 'wyf inna i fod'.

"Ffyc off, y cont!" medda Mimw. "Yr hogia sy fod yn fama!"

"Cau dy geg, Mimw," medda Sam. "Ddim clwb preifat ydi fan hyn, naci."

"Ma'r boi 'na wedi ca'l ei fanio," medda Mimw. "Sbia! Ma rhywun wedi croesi'i enw fo allan!"

"Hanesyddol ydy'r acen ar y Løvgren 'na," medda Bob, "er cof am y Viking 'nw ddaru Gruffydd ap Cynan sodro bwyall yn ei ben o yn y ddeuddegfed ganrif! Gair Viking ydi Anglesey hefyd, gyda llaw…"

"Taw â deud," medda Sam. "Pam 'dan ni'm yn sgwennu fo'n sir Føn 'ta?"

Mei-mio geiria rhywun arall o'dd Løvgren, meddan nhw, ond chwara teg iddo fo – ti'n gwbod sut ma cwmnïa pan ma'n nhw'n recordio ar gyfar y teli, canu'r un gân drosodd a throsodd a throsodd. O'dd biti gin i drost y creadur. Ond drw' ryw lwc roedd hi'n gân oedd yn siwtio'r hogia i'r dim ac oeddan nhw'n 'i gwbod hi air am air erbyn y diwadd. Y gân yma ddylsa fod wedi ennill Cân i Gymru. Cân am yr alci chwil 'ma oedd yn falch bod o'n byw yn Dre er gwaetha'r holl broblema oedd gynno fo.

"Dwi'n geiban ond dwi'n gwbod," medda Mimw gan ganu'r cytgan efo fo. "Na fama dwi inna i fod!"

"Dwn i'm os ti wedi sylwi," medda Bob wrtho fo, "ond cân mewn cynghanedd gyflawn 'di honna, 'sti."

"Be ti'n fwydro, cont?" medda Mimw. "Sgin i'm syniad be 'di cynghanedd ond dwi'n dallt honna'n iawn!"

O dipyn i beth dyma'r hogia'n dechra newid eu meddwl ynglŷn â'r noson lenyddol ac yn dechra cribinio drw' hynny o gelloedd oedd ar ôl yn eu 'mennydd nhw am farddoniaeth ddysgon nhw yn yr ysgol ers talwm…

"Dyfod pan ddêl y gwcw…" medda Mimw. " 'Clychau'r Gog'. Ddysgish i honna efo Miss Griffiths yn Standard Three."

"Be 'di clychau'r gog?" medda George.

"Bluebells, ia," medda Mimw.

"Naci Tad, bwtshars y gog ydi bluebells!" me' George.

"Be ffwc ma'r gog isho bwtshar?" medda Mimw. "Os 'di deryn isho cig, ma 'na ddigon o bryfaid genwar iddo fo yn y coed, does, y gwcw uffar!"

"Gw-cw, medda'i goc o," medda Bob Blaid Bach, oedd yn dechra'i dal hi braidd, gan ddyfynnu allan o *Englynion Coch* y Lolfa.

"Anti Mari Leusa, côd dy bais a phisa," medda Sam.

"Pwsi Meri Mew, ble collaist ti dy flew?" medda Mimw.

"Wil Wal Wiliog, twll din ceiliog," medda George.

"Cyt!" medda'r bòs wrth ei ddyn camera, sef fo'i hun. Dach chi'n gwbod pa mor fain ydi hi ar y cwmnïa annibynnol erbyn hyn. Sionis-Pob-Swydd bob un wan jac ohonyn nhw, creaduriaid. Mi stopion nhw recordio jest mewn pryd, dwi'n meddwl, achos oedd hogia'r Eagles yn dechra mynd i hwyl go iawn…

"Gwyneth nid yw ond oferedd,

   Glenda nid yw yn parhau…!" medda Mimw ar dop ei lais.

"Be am y gystadleuaeth limrig 'na?" medda Sam. "Limrig rhydd ta limrig caeth ma'n nhw isho?"

"Toes 'na'm ffashiwn beth â limrig caeth!" medda'r hollwybodus Bob.

"Oes Tad!" medda Sam. "Mi oedd Limerick yn gaeth tan 1922! Ac mi godwn ninna eto ryw ddwrnod hefyd!"

Ac wedyn dyma fo'n tynnu pishyn o bapur budur o'i bocad a dechra adrodd rhwbath bach oedd o wedi neud yn gynharach:

"Marwnad i'r Canu Caeth:

Ffwcia'r Super Mynci egos
Seisnigedig gachu rwtsh
Basdad Yncl Toms ariangar
Wthiodd Gymru'n ôl i'w chwtsh.
Gowboi hwyliog Rhos Botwnnog
Gigs Tŷ Newydd, Sarn Mellteyrn,
Gwylia rhag y crap dwyieithog
Sydd yn crafu tin y teyrn.
Wfft i'r bolocs cŵl dychrynllyd
Ac i'r taeog hyll a'i gwnaeth,
Cana'n rhydd yn iaith y nefoedd
A thwll tin i'r canu caeth!"

"Sam Cei'r Abar a'i cant!" medda Sam.
"Da iawn, cant!" medda Mimw.
Ma'n nhw'n deud na cynulleidfa dila sgin y *Sioeg Elf* ond, bobol bach, aeth hi'n noson fawr iawn yn yr Eagles ac mi glywodd y rhei oedd yn gwylio'r rhaglen seiren y cops yn bomio i fyny Stryd Llyn cyn diwedd yr hannar awr. Oedd y pybcrolyrs llenyddol wedi cymryd y peth yn llythrennol a dyna lle roeddan nhw'n cropian yn chwil ar hyd lloria'r pyb yn chwilio am lwch holl saint yr oesoedd...
"Fyswn i'm yn licio bod y boi 'na wrth y bar..." medda George Cooks.

"Pam?" me' fi.

"Dwi isho mynd adra," mo, "a dwi'm yn gwbod lle mae o'n byw!"

"Ti wedi clywad am y pet newydd sgin hwn, do?" medda Mimw. "Ffycin 'Skunk', cont! Wyt ti'n meddwl bod gin yr hogia jans o fod ar y teli?"

"Ti byth yn gwbod dy lwc!" medda fi. "Dach chi am ddŵad i glywad 'yn sioe stand-yp i nos fory?"

'Yn lle?" medda Sam.

"Dwi'm yn siŵr iawn," medda fi. "Bob sy wedi bwcio'r feniw…"

"Bwcio fenyw? Bob?" medda Sam. "Ma 'na dro cynta i bob dim ma'n siŵr, toes."

"Lle *ma* Bob?" medda fi.

"Yn y closet!" medda Sam. "A dyna lle bydd o hefyd nes bod ei fam o wedi marw, creadur!"

"Ydach chi am ddŵad ne be?" me' fi.

"Duw, ia, pam lai?" medda Sam. "Fedrwn ni chwerthin am dy ben di, beth bynnag, medrwn? Am faint bydd o'n para 'lly…?"

"Dwn i'm. Tua tri chwartar awr, ia…" me' fi.

"Tri chwartar…? Wyt ti'n gall, cont?" medda Mimw. "Lle ti'n mynd i ga'l dy jôcs i gyd?"

"Paid â phoeni, Mimw!" medda fi. "Dwi'n siŵr o ffeindio rwbath, 'sti."

CINIO LLENYDDOL YR ACADEMI

Academi Literary Lunch

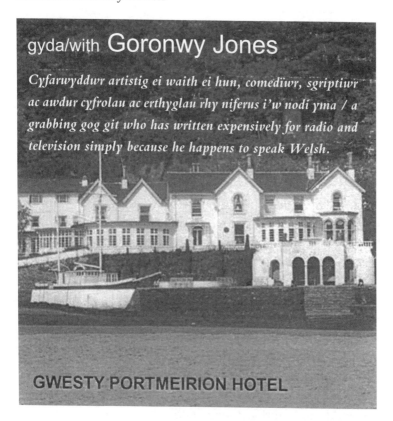

gyda/with **Goronwy Jones**

Cyfarwyddwr artistig ei waith ei hun, comedïwr, sgriptiwr ac awdur cyfrolau ac erthyglau rhy niferus i'w nodi yma / a grabbing gog git who has written expensively for radio and television simply because he happens to speak Welsh.

GWESTY PORTMEIRION HOTEL

[Cinio drosodd. Cyfyd y Dyn Dŵad. Cymeradwyaeth.]

Diolch yn fawr! Diolch yn fawr! Diolch yn fawr iawn i chi am y gwahoddiad ac am y wledd ardderchog 'dan ni wedi'i mwynhau y prynhawn yma.

Dwn i'm be i ddeud am y bwydlenni, cofiwch. Tydi cyfieithu'n grefft anodd, d'wch?

[Mewn acen Grom]

'A trio of Pôtmerion starters' mae o'n ddeud yn Susnag. Ond 'Fysach chi'n licio 'trio' rhein i ddechra' mae o'n ddeud yn Gymraeg!

'Eog wedi'i gochi gyda dil' – pwy 'di Dil? Y cwc, ia? Ma hi'n amlwg bod hi'n teimlo'n eog! Sgwn i be nath iddi gochi?

O'n i'n ffansïo dipyn o'r 'Mozzarella gyda riccota a pesto a saws persawr radis' 'na ond o'dd o'n ormod o lond ceg i mi, ma gin i ofn.

Ac am y pwdin – oedd y 'citrus fruits' yn swnio'n ocê ond toedd y 'ffrwythau shitrws' ddim yn swnio cweit cystal rwsut!

Ond dyna fo, chwara teg. Ma 'na ddigon o 'Port' yn Portmeirion, beth bynnag! [Gan godi'i wydyr] Iechyd da i chi i gyd. Dach chi'n edrach yn smart iawn yn 'ych dici-bôs... Yn enwedig y merchaid, ia! Ma hi'n deimlad rhyfadd iawn gweld cymaint o feirniaid a llenorion yn y cnawd. Tro cynta i mi beidio'ch gweld chi ar telifishyn, y rhan fwya ohonoch chi. Dach chi wedi mwydro digon arna i dros y blynyddoedd – 'y nhwrn i ydi'ch mwydro chi heddiw 'ma!

Yndi wir, mae hi'n dda cael bod yma i'ch difyrru chi fel hyn ond rhyw groeso digon rhyfadd gesh i pan ddoish i trw'r drws 'cw, cofiwch... Toedd neb wedi deud wrth y trefnydd mod i'n dŵad, nag oedd!

"Be wyt ti'n neud yma?" medda Sam Snich wrtha i.

"Fi ydi'r siaradwr gwadd, ia!" medda fi.

"Dewi Dwrlyn sy'n neud 'na!" mo.

"Ma Dewi'n sâl," me' fi.

"Ody, wy'n gwbod," mo. "Ond ma fe'n well na ti!"

Sori, Sam! Ti'm yn meindio i mi dy alw di'n Sam Snich, nag wyt?

[Wrth y gynulleidfa]

Perthynas felna sgin Sam a finna rioed! Ma gynno fynta enwa lliwgar iawn amdana finna hefyd ond fyswn i'm yn mentro'u hailadrodd nhw yn fama!

Dwi'n siŵr y byddwch chi i gyd yn awyddus i anfon ein cyfarchion ni fel cymdeithas at y Dr Dewi Dwrlyn druan sy'n gorwedd ar wastad ei gefn mewn ysbyty yn Ffrainc ar hyn o bryd. Dyna sy gael ma'n siŵr, 'de, os ydi Doctor yn mynnu mynd ar y Piste yn yr Alpau ar ôl potal gyfa o Vin de Pays d'Oc. Mae o'n lwcus na dim ond torri'i goes nath o, ond dyna fo, fuodd na ddrwg rioed nad oedd o'n dda i rywun, naddo? Paradwys y stand-yp ydi lle fel hyn. Cynulleidfa sobor – a neb yn heclo, gobeithio…

"Pa fath o araith dach chi isho i mi neud?" medda fi wrth hogan yr Academi pan ffoniodd hi.

"Lan i chi," medda hi. "Cyn belled â bo' fe'n rhwbeth llenyddol."

"Dwi wedi bod yn sgwennu petha llenyddol ar hyd 'yn oes," medda fi. "'Blaw bo' pobol yn gwrthod derbyn na dyna be 'dyn nhw!"

"Is that a 'yes'?" medda'r fodan. "Wy'n bennu am bump. Ac mae'r Willie Wonka Wine Bar wedi agor yn barod!"

Willie Wonka, wir! Un da oedd y Ronald Dahl 'na, ia. Fysa'r hogia byth yn cael get-awê efo jôcs fel'na. Deud y gwir yn onast wrthoch chi, dwi'm yn meddwl bod y fodan yn gwbod pwy oedd hi'n 'i fwcio – o'dd gynni hi fwy o ddiddordeb mewn ffwcio o'na!

[Ymateb o ffug-wfftio gan un hen wraig]

59

Diolch yn fawr i chi, Misus! Dwi'n falch bod y 'Port' yn gweithio!

O'n i dipyn bach yn nyrfys ynglŷn â dŵad yma, deud gwir 'thoch chi. Poeni dipyn bach nad o'n i'm yn gwbod digon am gefndir llenyddol yr ardal. Ond gesh i afa'l ar lyfr bach handi iawn. Ydach chi'n gyfarwydd efo *Mwydro Llŷn ac Eifionydd*? Llyfr jôcs gora ddarllenish i rioed! Glywsoch chi'r stori 'na am Dic Aberdaron yn mynd am drip rygbi i Paris? O'dd Dic yn siarad ugian o ieithoedd yn diwadd, meddan nhw, ond chydig iawn o Ffrangeg oedd i glwad yn y Gegin Fawr pan oedd o'n hogyn a toedd o ddim wedi llwyr feistroli Parisienne eto. O'dd Dic wrthi'n ca'l bath yn y twb yn y gwesty pan gerddodd y forwyn i mewn a'i weld o yn ei holl ogoniant. Dyma Dic yn cochi at ei glustia ac yn trio meddwl am rwbath i dynnu sylw'r fodan odd' ar ei Uwchmynydd o... "Sebon!" medda Dic am y peth agosa at law... "C'est bon? C'est bon?" medda'r fodan yn syn. "C'est magnifique, monsieur!"

[Chwerthin — yr hen wraig rinclyd yn chwerthin yn aflywodraethus]

Sam Snich *[gan heclo]*

"Ma honna'n hen!"

Yndi, ella bod hi ond tydi hi ddim yn rhy hen i werthfawrogi jôc fudur!

Toes na'm ffasiwn beth â jôc newydd dan haul, nag oes genod? Pwy oedd y cynta i ddeud Chwilog a Phistyll, sgwn i?

Penmaenmawr...

Froncysyllte...

Cnwch Coch...

Penis-arwaun...

Fi o'dd y cynta i ddeud Mwnci Nel, dwi'n gwbod hynny! Ond dyna fo, ma'n nhw i gyd yn rhan o'n llên gwerin ni, tydyn? Dim ots pa mor hen ydi jôc, ma hi wastad yn newydd i rywun!

Ddechreuish i ga'l cathod bach neithiwr – ma *Mwydro Llŷn ac Eifionydd* yn glamp o gyfrol fawr. A'th petha'n benset, do, a chesh i'm digon o amsar i ffagio'r ffagin ffeithia i gyd, felly fydd rhaid i chi fadda i mi os dwi'n ffegio rom bach…

Ma Llŷn ac Eifionydd 'ma'n gyforiog o gysylltiada llenyddol, wrth gwrs, a toes 'na'r un trip yn gyflawn heb i mi fynd i Camp Penrhos i weld yr Ysgol Fomio… Saunders Lewis o'dd y Pen yn Penyberth, meddan nhw i mi. Fo oedd awdur *Blodeuwedd* ond dwi'm yn siŵr pwy oedd pia'r owlfraint. Blodeuwedd gath 'i throi yn dylluan ond Goronwy Peblic laddodd Llew Llaw Cyffio felly dwi'n meddwl na fo o'dd y cwd-di-hŵ!

Ddaru Saunders wadd tri boi arall i fynd i losgi'r Ysgol Fomio efo fo… D.J. oedd enw un…

O'dd D.J.'n cynnal discos yn y West End yn Bwllheli bob nos Sadwrn ac mi sgwennodd o'i hunangofiant *Fel Rhech yn Ugain Oed* dan y ffugenw Derec Tomos.

O'dd D.J. yn meddwl y byd o'i fro enedigol yn 'Shir Gâr', chwadal ynta, ac mi o'dd o'n mynnu bod o'n 'Shirgar anobeithiol'. Dwn i'm be fysa fo'n ddeud tasa fo'n gweld polisi addysg Shir Gâr heddiw 'ma. Dyna i chdi be ydi 'Shirgar anobeithiol' go iawn.

Valentine oedd y trydydd. Santes Dwynwen fysan nhw wedi licio ga'l ond o'dd y teid i mewn yn Ynys Llanddwyn, a ph'run bynnag, mi o'dd Valentine yn ca'l mwy o gardia bob blwyddyn ac mi fysa'r holl gardbord 'na'n 'i gneud hi'n haws i gynna'r tân yn Llŷn, bysa?

O! Em Lloyd oedd y pedwerydd dyn i fod, ond chyrhaeddodd o ddim mewn pryd. Mi oedd o wedi ca'l brên-wêf, meddan nhw, ac wedi mynd i Bwllheli am têc-awê – meddwl bysa boliad o gyrri vindaloo jest y peth ar gyfar Ysgol Fomio. Ond ail gafodd o. Mi redodd o allan o betrol ar lôn Penrhos yn fanna yn rwla… "Tempus ffwc-it!" medda Saunders, gan sbio ar ei watsh. "Ma jôcs O! Em yn lot rhy Esso-terig i mi," a dyma fo'n penderfynu cynna'r goelcerth hebddo fo.

Ma'n ddrwg gin i, Misus! Ma hi'n anodd gweld rhei o'r jôcs 'ma nes bo' nhw lawr ar ddu a gwyn… Mi yrra i gopi o'r llyfr i chi pan ddaw o allan, ylwch! Fel pob awdur cydwybodol, mi fydda i'n mynd â phentwr o lyfra efo fi i bob gìg, jest rhag ofn bysa rhywun yn licio i mi seinio copi iddyn nhw, ia. Ond mi oedd y fodan yn Llên y Lli, Dinas Dinlla, wedi'n rhybuddio fi na wast ar amsar fysa dŵad â llyfra i fan hyn… "Ma aeloda'r Academi yn cael copïa adolygu i gyd am ddim," medda hi, "ac yn eu dosbarthu nhw ymysg ei gilydd wedyn! Ma'r diawlad crintachlyd yn mynd â'r crystyn o 'ngheg i. Ma 'na fwy o arian yng Nghaer-arianrhod 'cw, myn uffar i!"

[Cymeradwyaeth hunanddibrisiol – y Dyn Dŵad yn sbio ar ei watsh]

Wel, gyfeillion, ma hi'n amsar i mi 'i heglu hi am y llonydd gorffenedig, chwadal R. Williams Parry. Dyna i chi glamp o gerdd ydi 'Eifionydd', 'te? Mi barith y Lôn Goed tra pery'r iaith Gymraeg… Dwi'n siŵr bysa Lôn Darmac wedi para'n hirach byth ond, dyna fo, ma hi'n debyg bod petha'n fain iawn ar y cownsil ar y pryd!

Ond fedra i mo'ch gadael chi heb fynd am dro bach i

ffermdy'r Garreg Wen lawr lôn 'cw lle cyfansoddodd y boi Dafydd 'nnw ei alaw werin fyd-enwog... 'David of the White Rock', 'de!

W'chi be? Ma 'na un cwestiwn dwi wedi bod yn dyheu am ei ofyn ar hyd 'yn oes... Dwi'n sylweddoli mod i mewn cwmni dethol iawn heddiw 'ma a dwi'n siŵr bod 'na rywun yma fysa'n gwbod yr atab... Dafydd y Garrag Wen – sgwn i pa liw oedd ei garrag arall o?

Dowch 'laen, Misus! Peidiwch â bod yn swil! Allan â fo os dach chi'n gwbod!

Ma 'na draeth o'r enw Black Rock lawr ffor'cw, toes? Pwy a ŵyr, ella bod yr hen Ddafydd wedi cael codwm wrth fynd am swim ac wedi cleisio mewn lle go hegar? 'One black one, one white one, and one with a bit of shite on', fel byddan nhw'n deud ym Mhalas Llwyn Onn gynt, 'de? Ella 'mod i'n hollol rong, cofiwch! Ella bod y creadur yn diodda o Hitleritis. Ma hi'n ddigon posib na dim ond un garrag oedd gynno fo a honno'n un wen! Ella bod o wedi colli'r llall ar ei ffor' yn ôl o'r môr a dyna pam ma'n nhw'n galw'r lle yn Morfa Garrag. Ond dyna fo, un garrag ne beidio, oedd o'n frenin i Mussolini, toedd? Toedd gin y cwdyn hwnnw ddim bôls o gwbwl, meddan nhw!

Sori, Sam! Dwi'n gwbod na 'testis' ydi'r gair poléit... Ond mi testis i nhw neithiwr, yli! Ma'n rhei fi'n iawn diolch! Sut ma dy rei di, y pwrs?

Diolch yn fawr i chi am y croeso! Brysiwch yma eto – dowch â bwyd efo chi, mi gewch de! Gobeithio bo' chi wedi mwynhau'r wers hanas heddiw 'ma, a cofiwch chi hyn – ma hogia'r werin yn nes na'r hanesydd yn amal iawn!

Y BABELL LÊN
DYDD MERCHER – 12.15

GORSAF Y BEIRDD

(PROPS: GWISG WEN)

Ar drydydd dydd yr Eisteddfod dyma'r Dyn Dŵad yn ymlwybro ar y llwyfan mewn gwisg wen yr Orsedd oedd yn fwd a llaid drosti i gyd. Dyma'r gynulleidfa i gyd yn chwerthin am ei ben...

[Mewn llais merchetaidd]
Be sy? Dach chi'n jelys ne rwbath? Dach chi'm yn meddwl

bod gwyn yn 'yn siwtio fi? Dyna 'di'r trwbwl efo gwisgo gwyn, 'te – dangos bob dim, tydi? Am dywydd, 'te genod! Nath hi ddim byd ond bwrw trw'r dydd ddoe. Dwn i'm be 'di'r ffrog hir 'ma, wir, ma hi'n fwd byw... Ddim 'y mai i ydi o, fel deudish i wrth Meinir Orsaf bora 'ma. Dach chi wedi trio cerddad ar y sgwiji bôrds 'na sgynnyn nhw ar y Maes? Ma'r mwd yn sboncio i fyny camagara rhywun i gyd, tydi? Ma hi'n teimo fatha fforestydd yr Amazon down below dwi'n deud wrthach chi rŵan! O'dd hi mor ddrwg ar y maes carafana oeddan nhw'n nadu'r ceir fynd o'na trw'r dydd – a dyna i chi be 'di carchar! Glywist ti'r dyn tywydd 'na ar y radio, do? "I'm afraid that the Maes will be a muddy shite," mo. 'Muddy site' oedd y creadur yn feddwl, wrth gwrs, ond fedrwch chi'm peidio llithro mewn tywydd fel hyn, na fedrwch?

Dwn i'm be i ddeud, wir, a finna mor fashion-conscious. Dwn i'm pam cytunish i i neud hyn o gwbwl...

[Yn ei lais ei hun]

O'n i'n ca'l peint distaw yn y Cameo Club un nos Sadwrn pan ddoth Sam Snich draw a sibrwd yn 'y nghlust i. Sam Snich ydi'r cad yn yr A-cad-emi. Un o'r Taffia go iawn, ia. Ond Taffia ne beidio, am unwaith yn ei fywyd o'dd o'n awyddus i rannu rhei o'r taffis efo fi...

"Paid gweud bo' fi wedi gofyn," mo, "ond shwt byddet ti'n lico ca'l gwisg wen yn y Steddfod leni?"

"Gwisg Gwen?" me' fi. "Be ti'n feddwl ydw i – 'cross-dresser'? Be fysa Gwen yn ddeud taswn i'n gwisgo'i gwisg hi?"

"Gad dy ddwli!" medda Sam. "Gwisg Wen yr Orsedd, w. Ma fe'n anrhydedd mowr. Ma fe'n gyfystyr â cha'l MBE gan y Frenhines!"

"Wyt ti'n siŵr bo' chdi'n siarad efo'r boi iawn?" me' fi.

"Yr unig royal o'n i'n nabod o'dd bar y Royal yn Dre 'cw a ma hwnnw wedi cau!"

"Sdim iws trial gwadu," medda Sam. "Y'n ni wedi derbyn y neges…"

"Pw' negas?" me' fi.

"Y beggin' letter o' wrth Sylvia Pugh, dy fam 'y nghyfreth!" mo.

Mam bach! Ma isho gras, toes? Peidiwch â nghamddallt i! Dwi wedi trio yn y Steddfod sawl gwaith o'r blaen. Dach chi'n gwbod y boi 'na sy'n anfon rwbath i'r prif gystadlaetha bob blwyddyn jest er mwyn i'r beirniad ga'l deud 'nid yw'r ymgeisydd hwn yn gall'? Fi ydi hwnnw! Gesh i lythyr yn ôl llynadd at 'Goronwy Jones, Gofal yn y Gymuned, Caerdydd' a galwad ffôn gas o swyddfa'r Eisteddfod. "Triwch ddallt newch chi, ddyn? Ma'n rhaid i'r gwaith fod dan ffugenw!" "Be dach chi'n feddwl ydi hwn?" me' fi. "Dach chi'n meddwl na 'Dyn Dŵad' roth yr Hen Fod 'cw ar 'y nhystysgrif geni fi?" "So 'Dyn Dŵad' yn da i ddim byd," mo. "Ma'r beirniad yn gwbod pwy y'ch chi!" "So what?" me' fi. "Tydi o'm yn deud bod rhaid i'r ffugenw fod yn anhysbys, nag 'di?"

Er diddordeb i chi Eisteddfodwyr Pybyr, 'de, fi oedd yn chwechad yn y Gwobr Goffi Danial Owen leni… Sy ddim yn bad i feddwl na dim ond pump o'dd yn trio! Fysa well gin i beidio bod yn y 'dosbarth isa'. Fyswn i'm yn meindio bod yn y 'dosbarth ucha'. Ond un peth dwi ddim isho bod ydi 'dosbarth canol'! 'Na, sori,' medda fi wrth Sylvia Pugh, mam Siân, 'Os ydw i isho gwisg wen, mi enilla i'r hawl drosta fi'n hun ryw ddwrnod. Tydw i ddim yn mynd i grafu tin neb am anrhydedd. No wê José ydw i'n derbyn hyn. Byth bythoedd amen… Fysa'n well gin i farw…

[Saib]

Gesh i 'nerbyn i'r Orsaf bora dydd Llun.

[Chwerthin]

Ia, ocê, chwerthwch chi!

Mi fysa'n well gin i taswn i wedi medru neud o o 'mhen a 'mhastwn fy hun ond mi oedd pen a phastwn Siân a'i mham yn drech na fi yn y diwadd! Mi oeddan nhw'n mynnu mod i'n gneud yn iawn am yr holl waradwydd dwi wedi ddwyn ar y teulu a'u gneud nhw'n falch ohona fi am unwaith...

Esh i draw i'r Baball Lysh am beint o 'Dutch Courage' cyn mynd i mewn i'r cwt mawr 'cw ar gyfer y seremoni... Dyna lle ro'n i'n interminglo efo mawrion y genedl i gyd wrth y bar a phwy oedd yno yn gwitiad i ga'l yn syrfio ond neb llai na Robin McBryde... O'n i'n methu dallt be o'dd arno fo. '*Ceidwad* y Cledd' ydi o i fod, ia. Ond gynta gwelodd o fi dyma fo'n dechra swisho'i gledd fatha Zorro o gwmpas 'y mhen i... Dyna sy i ga'l am ddwyn twrn dyn rygbi wrth y bar ma' siŵr, medda fi wrth 'yn hun... Os na hwn o'dd y Bryde, myn uffar i, fyswn i'm yn licio gweld y Groom!

"Sori, Robin," me' fi. "Coda di dy rownd gynta, yli!"

Ddudodd o ddim byd, dim ond nelu'i gledda am 'y mhen i eto – a thorri dau gudyn o 'ngwallt i.

"Sori, mêt," mo. "Fedra i'm diodda Jonesus blewog! Gesh i lond bol ar bacio lawr efo'r ddau brop cyrli-wyrli 'na o Gastell-nedd!"

Ma'r Orsaf 'na'n beryg bywyd, dwi'n deud wrthach chi! Prin ro'n i wedi cyrraedd y stafall newid pan gesh i sgeg ddifrifol arall... O'n i wrthi'n newid pan gesh i sioc ar 'y nhin. Do's bosib bod y stafelloedd newid 'ma'n unisex, medda fi wrth 'yn hun. Dyna lle roedd hannar dwsin o ferchaid blue-rinse tua'r un oed â mam Siân yn ymlwybro i mewn a finna ar hannar tynnu 'nhrywsus...

"Dere mla'n, Blodwen!" medda'r ddynas 'ma wrtha fi dros ei sbectol... "Ble ma'r hip-flask 'na 'da ti? Ma syched yffernol 'no i!"

Dyna lle ro'dd hi'n ffrisgio'n ffwrch i am y fflipin' fflasg pan glywodd pawb y sgrech annaearol 'ma...

"Aaaa!" medda hi fatha ci annwn. "Nage Blodwen y'ch chi!"

"Naci, dwi'n gwbod!" me' fi.

"Hip-flask fach sda Blodwen," medda hi. "Ond ma wompen i ga'l 'da chi!"

"So chi'n gallu gweld y seins?" medda'r stiwardes 'ma wrtha fi. "Y dynon yw'r rhai sy â'u coese ar led!"

"Ia, dwi'n gwbod! Dwi'n trio cau nhw," me' fi. "Ond ma'n zip i wedi torri."

"Ife'ch gwisg wen chi yw honna?" medda'r hen wraig gan syllu'n gegrwth arna fi.

"Nage," medda fi. "'Yn longjohns i!"

Dyma fi'n plygu drosodd i drio cuddiad 'y nghywilydd â mhen-ôl i yn yr awyr.

"Beth yw hwnna?" medda hi, a'i blue-rinse hi'n gwynnu yn y fan a'r lle...

"Peidiwch â phoeni," medda fi, yn cochi at 'y nghlustia, "Dim ond Cylch yr Orsedd ydi o, wir i chi!"

[Chwerthin – Saib]

Lwcus na nesh i'm troi ffor' arall ne mi fysa wedi gweld 'y nghorn hirlas i!

[Chwerthin]

Syspendars of disbelief, myn uffar i!

Be o'dd yr Iolo Morganwg 'na yn feddwl o'dd o'n neud?

O'dd y gwalch wedi gweld y jôcs budur i gyd yn dŵad wrth iddo fo greu y terma 'na ma'n siŵr, toedd? Rafins ar y diawl oedd y Morrisiaid Môn 'na i gyd. Pwy sy'n noddi'r Steddfod 'ma leni? Al Zeimmer 'ta Sodom a Delilah? Sdim rhyfadd bo' chi byth yn gweld y Cwîn yn yr Orsaf bellach, nag oes?

"Gwranda, Gron," medda Sam Snich wrth y Maen Llog jest cyn i mi joinio'r Orsaf. "Wi'n gwbod bo' ti'n dipyn o Mr Malaprop ife, ond ma'n gas 'da fi dy weld di'n neud ffŵl llwyr o dy hunan o fla'n y genedl gyfan… 'Gorsedd' y beirdd yw e, twel, nage 'Gorsaf'.

"Diolch i ti am dy gonsýrn, Sam," me' fi. "Deud i mi. O's na fwy o statws i dy wisg euraid, serennog di na be sgin i, oes?"

"O's, wrth gwrs," mo. "Pam?"

"Ma pawb yn yr Orsaf yn gwbod 'i steshon felly, tydi?" me' fi.

'Jôs o'r Sgubor' ydi'n enw barddol i, gyda llaw. Nid mod i'n disgwl ca'l cyhoeddi dim byd yn *Barddas*… Ond efo enw fatha Jôs o'r Sgubor ella ca' i gyhoeddi rhwbath yn y cylchgrawn posh 'na *[gan ynganu'n Seisnigaidd] Barn*!

[Gan gyfarch rhywun tu ôl i'r llwyfan a sbio ar ei watsh]
Sori, Meinir! Fydda i ddim yn hir rŵan.
[Wrth y gynulleidfa]
Dwi'm isho pechu eto – gesh i row arall gynni hi ddoe…

"Beth sy'n bod 'noch chi, ddyn?" medda hi. "Chi wedi mynd dros 'ych amser!"

"Dach chitha hefyd," medda fi dan 'y ngwynt. "Yn ôl y rhincla sy ar 'ych gwynab chi…"

"Beth?" medda hi.

"Dim byd," medda fi.

"Y'ch chi'n gwbod pwy odw i?" medda hi.

"Sam!" medda fi. "Ma 'na ddynas fan hyn sy ddim yn gwbod pwy ydi hi! 'Drycha ar 'i hôl hi, 'nei di?!"

Ma'n nhw'n hen, ond ma Meinir Orsaf yn hŷn byth! Ta-ta tan toc. Wela i chi fory! Peidiwch â gneud dim byd fyswn i ddim yn neud!

[Bonllef o gymeradwyaeth anhygoel]

GORAU ARF, ARF DISG

BBC Radio Cymru
yn cyflwyno

Y DYN DWAD

Gyda
Llion Williams
a **Sêr Eraill**

RECORDIAD O GYFRES GOMEDI GYDA'R COFI GWALLGO'
FU'N CREU REIAT YNG NGHAERDYDD 'STALWM!

**Tafarn y Duke of Clarence, Treganna
Nos Lun, Mawrth 20**

A DYDDIADUR DYN PRIOD: BOOTLEG SERIES
[RARE AND UNRELEASED]

Normal Bias 120µs EQ

BBC
radio**cymru**

Dyna lle ro'n i yn sipian coffi yn ffreutur y BBC yn Llandaf
yn ymarfer sgript ar gyfer ei recordio i Radio Cymru. O'n
i'n teimlo'n wylaidd ac Austin-edig uffernol yn ymyl y Rolls
Royce o actorion oedd efo fi. Oeddan nhw i gyd wedi actio

cymeriada ar *Pobol y Cwm* ond to'n i rioed 'di actio ffyc-ôl ond fi'n hun! Dwi'm yn cofio pwy oedd yr actorion i gyd ond mi oedd Eileen a Carol Gwyther yno, beth bynnag.

"Sori 'bytu'r enwe mowr 'ma i gyd," medda'r cynhyrchydd wrtha i. "Y'ch chi'n teimlo'n nerfus?"

"Yndw. Gwyther Modd!" medda fi.

Coffi yn y BBC, myn uffar! Lysh yn y Clwb o'dd hi bob gafal ers talwm pan fydda Frogit yn mynd â fi draw at Gwenlyn a Rhydderch a'r rheina am sesh pnawn… Fanna treulish i rei o oria difyrra'r saithdega yn gwrando ar yr hogia'n mynd trw'u petha. Oes Aur Comedi go iawn, ia. Fydda hi'n ddim gin Ryan a Ronnie bicio draw am beint efo ni… *Fo a Fe* i gyd efo'i gilydd, ia, yn sgwenwyr ac yn actorion. Nesh i rioed feddwl byswn i'n gweithio yna'n hun ryw ddwrnod, naddo?

Gesh i gyfres ar Radio Cymru o'r blaen, chwara teg iddyn nhw, 'nôl yn yr wythdega ryw dro, ond Arthur Picton oedd yn darllen 'y ngwaith i adag hynny. O'dd yr hogyn wedi mynd i fyny yn y byd tro 'ma, doedd: o'dd o wedi ca'l gafal ar gardyn Equity ac o'dd o'n mynd i ga'l bod yn fo'i hun. Cachu brics seis tens oedd o, cofia! O'dd o'n teimlo fatha'i baglu hi o 'na yn amal iawn ond dyna fo, tydi actorion proffesiynol byth yn baglu, nag 'dyn? O'n i wedi ca'l bod ar raglen Beti George tro 'ma a bob dim. (*Y Celfyddydau* dwi'n feddwl, wrth gwrs, achos na dim ond has-beens sy'n mynd ar *Beti Aiff Phobol*, meddan nhw) Y bwriad oedd recordio *Dyddiadur Dyn Priod* o flaen cynulleidfa 'fyw' a chyhoeddi'r cwbwl ar CD wedyn. Gorau arf, arf disg, ia, jest er mwyn cadw i'r oesoedd a ddêl yr aflendid a fu…

Genod efo fflatia yn Canton oedd y rhan fwya o'r gynulleidfa yn y Duke of Clarence ar noson gynta'r recordio, ac o'n i'n teimlo'n ddigon poenus ar y dechra achos toeddan nhw ddim yn edrach yn 'fyw' iawn i mi... Ond mi sicrhaodd y cynhyrchydd fi na'r peth gora i neud efo cynulleidfa ydi'i hoelio hi'n iawn cyn cychwyn... 'Oelio' oedd hi'n feddwl, wrth gwrs, ddim 'hoelio': fedri di'm hyd yn oed hanadlu yn Gymraeg heb neud jôc, na fedri?

"Pryna di ddigon o êl i'r dorf, ac mi chwerthan ar rwbeth," medda hi. "Bydde fe'n syniad i ti neud warm-up 'fyd, wi'n credu..."

O'dd George Cooks wedi awgrymu gollwng pelet ne ddwy o ganabis yn y gwydra – mi fysan yn giglo trw'r nos wedyn, hyd yn oed tasat ti'n darllan pennod o Lyfr Jeremeia iddyn nhw. Ond mynd dros ben llestri fysa hynny, ia. A ph'run bynnag, mi oedd gin i ddigon o ffydd yn 'yn jôcs, toedd?

"Ocê, bant â ti, 'te!" medda'r cynhyrchydd. "Easy ar y Gwynedditis nawr, reit? Cynulleidfa gymysg sda ni heno ac y'n ni'n mynd mas yn genedlaethol ar y radio, cofia! Ma 90% o'r rhain yn cyfieithu ar y pryd – they've been dying of boredom all day so don't you dare die on the stage now, right?"

"Helo, genod!" medda fi. "Clarence ydw i. Ma'r Duke yn dŵad nes 'mlaen. Cymro dwi, Jyrman ydi'r Duke ond Scot ydi George Cooks, 'yn ffrind i o Dre. Susnag o'dd George yn siarad pan ddoth o i'r ysgol gynta ac o'dd o'n ca'l dipyn o draffath efo Cymraeg. Dyma fo'n pwyntio drw' ffenast y dosbarth un bora o Ionawr oer a thrio dangos ei hun i'r athro.

"Ma hi wedi ymffrostio, syr!" medda George.

"Barrug," medda'r athro.

"Barrug bywyd, syr," medda George. "Jest i fi ga'l sgid ar 'y nhin bora 'ma!"

Llwydrew dach *chi*'n ddeud, wrth gwrs, 'de. Rhei doniol ydach chi yn y de 'ma. Dach chi hyd yn oed yn deud bod gwalltia pobol wedi llwydo! Be sy, sgynnoch chi ddim medicated shampoo ne rwbath, nag oes?!

Gaea' oedd hynny ond toedd George ddim gwell yn yr hydref chwaith.

"Deilan grin," medda'r athro wrtho fo wrth y bwrdd natur.

"Deilan grin?" medda George. "Deilan frown ydi honna, syr!"

Bob gwanwyn mi fydd George yn tyfu planhigion marijuana yn ei dŷ gwydyr a'u cuddio nhw yn ganol llysia erill.

"Sut gnwd sgin ti leni?" medda fi wrtho fo.

"Ma'r pumpkins yn dŵad reit dda," medda George. "Ond hir yw pob y marrows, ia?"

"Be sy, George?" me' fi. "Wyt ti'n lysh-euwr ne rwbath?"

"Na, ma cwrw'n rhoid deiaria i fi, 'sti," medda George. "Dwi'n sticio at y pot dyddia yma!"

[Gan ymateb i un chwarddiad unigol]

Diolch, Misus! Ma'n nhw'n hen, yndyn, rei ohonyn nhw, dwi'n gwbod hynny! Ond ma pob jôc yn newydd i rywun, tydi?

Bob ha' wedyn mi fydda George a'r hogia'n mynd i Sir Benfro i godi tatws cynnar yn Red Roses. Spud-u o'na wedyn i ga'l 'i wynt tato!

Jôc i'r hwntws oedd honna! Be dach chi'n feddwl o'n acen y de fi? Da, yndi… Ddim y fi sy'n neud o, w'chi. Dwi wedi dŵad â ventriloquist efo fi. Ma o'n taflyd ei lais mor dda dach chi'm hyd yn oed yn sylwi bod o yma!

O'dd George mewn trwbwl un noson. O'dd gynno fo bopi coch yn un llaw a bylb daffodil yn llall. O'dd o'n gwbod bod un ohonyn nhw'n gneud heroin a bod y llall yn wenwyn pur. Trwbwl ydi toedd o ddim yn cofio p'run o'dd p'run...

"Be 'nest ti, George?" me' fi.

"Gofish i'n sydyn bod 'na 'H' mewn 'hada'!" medda fo.

"Be 'nest ti efo'r bylb daffodil?" me' fi.

"Gas gin i ladd dim byd byw," medda George. "Blannish i o yn rhych nionod y Sais 'na sy'n byw yn Twthill..."

"Ôl-reit, 'na ni! Diolch yn fawr. Cyt!" medda'r cynhyrchydd.

Dwn i'm be sy haru pawb dyddia 'ma. Ma'n nhw'n ca'l panic piws bob tro dwi'n deud y gair 'Sais'...

"Ni ar tight schedule," medda hi. "Well i ni ddechre recordo nawr."

"Gwitia funud bach!" me' fi. "Dwi'n dechra mynd i hwyl."

Dyna ydi'r trwbwl pan wyt ti'n neud stand-yp. Pan ti ar ganol routine, rou-tine'n gyndyn o roid gora iddi... Mae o fatha tasa rwbath arall yn dy feddiannu di, gorff ac enaid.

O'dd yr hogyn wedi'i weindio erbyn hyn ac roedd actorion *Pobol y Cwm* wedi laru disgwl amdano fo...

"Dyna ddigon o gags rŵan – gagiwch o!" medda Eileen. "Ddechreuwn ni ddim heno ar y rêt yma! 'Dan ni'n diw yn y gogledd drennydd!"

"Hei, watsha dy hun," me' fi. "Ddim efo Denzil ti'n siarad rŵan, reit?"

"Na, sori!" medda'r cynhyrchydd gan roid ei throed i lawr. "Twrn *Pobol y Cwm* yw e nawr."

"Ia, ocê. Os wyt ti'n deud," me' fi, wedi pwdu braidd. "Ond fi sy'n sgwennu'u leins nhw, cofia."

"Ia, wy'n gwbod," medda hi. "Ond shwt ti'n gweud nhw, 'na beth sy'n cyfri. Warm-ups are all very well ond ma CDs yn para am byth!"

Touché José, medda fi wrth 'yn hun. Be sy raid sy raid, ia. Dyma fi'n troi at y dyn sain tu ôl i mi a gofyn: "Are they rolling, Bob?"

★ ★ ★ ★

Oeddan ni ar y lôn am bum noson i gyd – dwy yn y Duke, dwy yn y Clwb Rygbi yn Gynarfon ac un ar Highway 61 yr A470 sy'n cysylltu'r ddau. Ac ar y bumed noson gorffwysodd Gron a phobol y cwm o'u gwaith...

"It's a wrap. It's in the can!" medda'r boi sain.

"In the can, o ddiawl!" me' fi. "Dwi'n ca'l peint mewn gwydyr go iawn heno 'ma."

O'dd o'n deimlad rhyfadd ma'n rhaid i mi ddeud, cysgu yng Ngwesty'r Celt. Ond dyna fo, o'dd o'n jans i actorion *Pobol y Cwm* ga'l peint efo'r hogia, doedd?

"Ocê hogia, fi bia hon!" medda fi.

"Be ti'n neud, cont, gwario dy ecspensus, ia?" medda Mimw. "Gymra i un o'r jygia galwyn 'na os na chdi sy'n talu!"

"I'm terribly sorry!" medda'r Wyddelas tu nôl i'r bar. "There are no Happy Hours here, I'm afraid."

"Sori, del! You're in the Euro, Ireland aye," medda Mimw. "I'll have a kilometre of lagyr then plis."

"Iesu! Ti wedi mynd yn snob, Gron bach," medda George Cooks. "Be t'isho cysgu yn yr hotel 'ma a tŷ dy fam hannar milltir i fyny'r lôn?"

"Bechod wastio os ti'n ca'l cynnig, yndi?" me' fi. "Sbario i'r Hen Fod 'cw neud brecwast a ballu… Be oeddach chi'n feddwl o'r sioe heno 'ma, hogia?"

"Dyddiadur Dyn Priod…" medda Bob Blaid Bach yn feddylgar. "Dwi'n falch na nesh i ddim!"

"Ddim hannar mor falch â'r fodan fysat ti wedi'i phrodi!" medda Sam.

"Ti'n un da i siarad," medda Mimw. "Love 'em and leave 'em wyt ti!"

"So what?" medda Sam. "Meindia dy fusnas. Well na love 'em and hit 'em fatha chdi, yndi?"

"Be oeddat ti'n feddwl o'r cynnwys, Bob?" medda fi. "Sori os o'dd 'na ormod o bolitics i chdi!"

"Profiad rhyfadd ydi cael dy watwar ar y radio!" medda Bob. "Gwrando ar bobol ddiarth yn iwsho leins ma'r hogia wedi deud…"

"Ia," medda Mimw fel siot. "Pam bod pobol erill yn ca'l eu talu am ddeud y jôcs naethon ni?"

"Actorion ydyn nhw, ia!" medda fi.

"Ddim actor wyt *ti*, naci?" medda Mimw.

"Ma fynta'n 'yn hecsploitio ni hefyd!" medda Sam.

"Hei, tyrd 'laen rŵan…" me' fi. "Ma pawb isho byw!"

"Ti'n iwsho'n leins ni ers 1976!" medda Mimw. "A tydan ni byth yn ca'l ffag-ôl amdano fo. Pryd geith yr hogia fynd ar y teli gin ti?"

"Dyna dwi'n ofyn iddyn nhw bob tro dwi'n gweld nhw!" me' fi. "Fyswn i wrth 'y modd yn 'ych gweld chi i gyd ar y sgrin!"

"Be sy? " medda George. "Ydi'r hogia ddim digon da i

chdi, nac 'dyn? Ma'r trên wedi stopio dŵad i Dre ers y sixties. Toes 'na ddim ochor rong i'r tracs yma bellach, 'sti!"

"Gadwch o i mi, reit?" medda fi. "Ma pobol yn crefu am gymeriada fatha chi! Dach chi'n siŵr o ga'l rwbath cyn bo hir!"

"Goelia i pan wela i o!" medda Sam. "'Dan ni'm yn wirion, 'sti. Ma 'na ddwy gymdeithas yn Dre 'ma, fatha bob man arall. Dwi'm yn siŵr i ba un wyt ti'n perthyn bellach!"

"Hei, tyrd 'laen rŵan, Sam," medda fi. "Ti'n nabod fi'n well na hynna... Ma pobol y cwm yn fancw, yli. Awn ni draw i cwarfod nhw, ia..."

"Ia, ocê, os ti'n deud," medda Sam. "Fydd o'n anrhydedd mawr. Dwi'n siŵr bysan nhw wrth eu bodda'n ca'l 'yn otograffs ni!"

CARAFÁN MEWN CWRW FYNYDD

gan I. D. Hooson

O'dd actorion *Pobol y Cwm* a fi'n dŵad ymlaen mor dda yn ystod sesiyna recordio'r CD ddaru ni benderfynu ailymgynnull i berfformio eto yn Eisteddfod Genedlaethol Abertawe. Rhyw Stomp bach heb yr odli, dyna be oeddan ni'n feddwl, a dim fotio pwy 'di'r gora chwaith, jest trin pob un yn gyfartal, ia. O'n i'n sbio 'mlaen yn ofnadwy, deud gwir, tan i 'Nacw' benderfynu bod ni'n mynd i droi'n sipsiwn am wsnos ac aros mewn carafán ar Maes C.

"No wê, José!" medda fi. "Toes 'na 'run o nhraed i'n mynd i gampio. Ddim ar ôl be ddigwyddodd yn Steddfod Aberteifi '76."

"Beth ddigwyddodd, 'te?" medda Siân.

"Ti'm yn cofio fi'n sôn am y tarw 'nnw? Roth y diawl ei droed drw'r dent, do? Fuo jest iawn iddo fo neud 'dent' yn 'y mhen i. Eitha Tal Ffranco oedd ei enw fo, dwi'n cofio'n iawn. Dychmyga deffro ar wastad dy gefn yn fanna a bag bôls mwya'r Royal Welsh yn hongian fodfeddi uwch dy ben di... Diolch i Dduw bod Ffranco'n eitha tal ne mi fysa'i gwd o yn 'y ngheg i!"

"Ca' dy ben, 'nei di?" medda Siân. "Gor-weud pob dim fel arfer. Nage ar y stêj wyt ti nawr, ti'n gwbod. A nage gwersylla yw carafano. Benthycwn ni garafán Mami – sneb wedi'i hiwsio hi ers blynydde..."

"Sori!" me' fi. "Dwi'n alyrjic i garafans hefyd. Fuesh i'n byw mewn un efo Nowi Bala yn Croes Cyrlyrs ers talwm. O'dd rhaid i ti droi dy wely'n fwr' brecwast ar dy godiad bob dydd a ffrio dy sosejis ar dy ben i lawr yn y bathrwm!"

"Yffach gols!" medda Siân. "Rwyt ti wedi ca'l profiade od y jawl, wyt ti? Ond 'na fe – bohemiaid chwil y jawl y'ch chi artistied i gyd, ontife?"

Carafanio fuo raid ond dyna fo, ma 'na ryw dda ym mhob drwg… To'dd Gwenllian ddim isho mynd i'r Steddfod. O'dd well gynni hi ga'l dipyn o ddiwylliant, medda hi, a mynd i aros efo'i Nain i Dre 'cw. O'dd 'na ddigon o gwrw ar Maes C a thafarn rownd y gongol tasa rhywun isho… Cwbwl o'dd isho neud o'dd rowlio adra i'r gwely – cyfla i Siân a fi ga'l dipyn o lonydd ar ben 'yn hunan am tshenj…

"Paid hyd yn o'd meddwl amdano fe!" medda Siân dwrnod cynta. "Cer 'nôl i dy fync dy hunan!"

"Be uffar s'arna chdi?" medda fi. "'Dan ni ar yn holidês, yndan!"

"Ganol *pnawn* ar Maes C? Sa i'n credu 'nny rywsut! Ma carafane'n shiglo fel cwch bach fy Iolo pan ma pobol yn cadw reiat tu fiwn…"

"Yndyn nhw?" me' fi. "Nesh i rioed sylwi, cofia. Ti'n swnio fel tasat ti'n siarad o brofiad!"

Lysh o'dd yr unig blesar gesh i drw'r wsnos. Ond do'n i'm yn cwyno gormod. O'dd o'n lle bach neis iawn ar dir Bach y Gwreiddyn yn fanna, shytl bỳs yn 'ych cario chi 'nôl a blaen i'r Steddfod am ddim bob dydd… O'dd hi'n tshenj ca'l peidio poeni am yfad a gyrru a dyna lle ro'n i'n nyrsio pen mawr wrth y tapia dŵr ar Maes C un bora. O'dd hi'n boeth uffernol yn y garafán ac o'dd 'y ngheg i mor sych â chaetsh byji rhwym. O'dd gin i bot peint yn 'yn llaw ac o'n i'n ysu am ddiod…

"Hei, dal sownd!" medda'r boi 'ma. "So ti'n mynd i hifed hwnna, wyt ti?"

"Yndw. Pam?" me' fi.

"Dŵr Elsan yw hwnna, 'chan!"

"Tydi o'm yn ddŵr i Elsan mwy na neb arall," me' fi ac yfad peint ohono fo ar ei ben.

"Beth sy'n bod 'not ti'r Gog dwl? Nag wyt ti wedi bod yn carafano o'r bla'n? Dŵr Elsan sy'n fflysho'r toilets!"

Welist ti rioed beint o ddŵr yn saethu fatha ffownten o stumog rhywun, do? A hannar ei ymysgaroedd o'n 'i ddilyn o? Mi welodd yr Hwntw fo, ddeuda i hynny wrthach chdi! Dyna lle roedd o a'i blant yn sefyll fel statiws mewn cawod o chŵd, a haul y bora'n gwenu'n siriol arnyn nhw.

"Sori!" me' fi. "Chlywish i ddim blas mor ddrwg ar ddim byd ers i mi yfad peint o Double Dragon ers talwm!"

"Rhag dy gwilydd di!" medda Siân wrth iddi nyrsio 'nghlwyfa fi yn y garafán. "Codi twrw 'da pobol drws nesa. Bydd 'da ti lygad du trw'r wthnos nawr!"

"Pobol ryfadd sy'n byw ffor' hyn," medda fi. "Ddeudodd o ddim byd pan chwdish dros 'i deulu fo, ond mi a'th yn honco bost pan ddechreuish i sbeitio cwrw Felinfoel!"

O'n i'n teimlo'n dipyn o brat yn ymlwybro ar hyd y Maes ar 'yn ffor' i'r piwbicls cyhoeddus am gawod bob bora… Mawrion y genedl yn eu gynau gwisgo yn gwitiad yn y ciw wrth 'yn ochor i… Fodins ti wedi'u gweld ar y teli ar hyd y blynyddoedd. Syndod be ma dipyn o bowdwr a phaent yn neud, tydi? Tra o'n i'n disgwl am 'y nhwrn, pwy ddoth heibio'n sbio fatha bwch ond yr Hwntw drws nesa, yn rowlio casgan mewn ffrâm…

"Be sy, cont?" me' fi. "Ti wedi rhedag allan o Felinfoel ne be?"

"Carthu'r tŷ bach, 'na beth 'wy'n neud, y prat!" mo.

"Sut…?" me' fi.

"Carthion y garafán!" mo.

"Helynt yr iâr ddu," me' fi, "Dodwy allan a chachu'n y tŷ! Ma 'na doilet cyhoeddus yn fancw tasat ti mond wedi gwitiad."

Cytia bach twt fatha Tardis Dr Who ydi tai bach y Maes Carafana. Ne mi oeddan nhw'n dwt ar ddechra'r wsnos, beth bynnag. Chydig iawn o law gaethon ni, ma rhaid i mi ddeud, ond o'dd y Tardis wedi troi'n Turdis erbyn diwadd y Steddfod. Sglyfaethod budur ydi'r dosbarth canol, dwi'n deud wrthach chi. O'dd dim isho gofyn be o'dd yr 'C' yn Maes C, nag oedd?

★ ★ ★ ★

Trwbwl efo nosweithia Steddfod ydi na tydyn nhw ddim yn dechra tan berfeddion nos. O'dd yr hogyn yn gwbod ei leins ei hun, wrth gwrs – ond roedd yr actorion yn mynnu ca'l un rihyrsal bach arall ar ben eu hunain. Esh i ar yr êl wedyn i basio amsar a cha'l sioc ar 'y nhin wrth y bar – £5 am botal o seidar, myn uffar! O'n i'm yn gwbod na fi oedd yn noddi'r Magners League! Ond dyna fo, o'dd o'n gyfla i werthu chydig o lyfra a CDs, doedd? Rho di lathan o gownter i'r hogyn ac mi fydd o'n iawn. O'n i wedi arfar bod yn salesman yn Howells Department Store, do'n?

"Pedwar llyfr a pedwar CD, plis!" medda'r fodan 'ma.

"Arglwydd!" me' fi. "Wyt ti'n ffan ne rwbath, wyt ti?"

"Fedra i'm diodda chdi," medda hi. "I 'mrawd ma'r rhein. Mae o'n syrfio efo'r Royal Welsh yn Affganistan."

"Duw! Pa mor 'Welsh' ydi'r Royal Welsh dyddia yma, 'lly?" me' fi.

"Welsh Nash, bob un wan jac!" medda hi. "Job ydi job, ia. Dydi'r hogia ddim yn gweld pwynt cwffio yn y betingalw 'na…"

"Hindw Kwsh?" me' fi.

"Dim diolch, ma gin i jin a tonic," medda hi a ffwr' â hi efo'r goods…

"Gan bwyll ar y seidar 'na!" medda Siân. "Sawl potel ti wedi ga'l?"

"Dim un," me' fi. "Neith yr Iechyd a Diogelwch ddim caniatáu. Fedra i'm diodda'r gwydra plastig 'ma!"

"Ma ias oer ynddi heno!" medda Siân, gan grynu. "Cer i nôl 'yn siol i o'r garafán, 'nei di?"

O'n i'n nabod tactics nacw'n iawn erbyn hyn. Dim ond esgus i 'nghadw fi 'ddar yr êl oedd hyn, ma'n siŵr…

"Cer, glou!" medda Siân. "Bydd dy shew di'n dechre nawr cyn bo hir…"

O'dd hi fel bol buwch ar Faes C Bach y Gwreiddyn – pawb allan yn rwla a dim gola yn nunlla. To'dd gin i ddim tortsh ac o'n i'n falch uffernol o gyrraedd y garafán yn fyw, deud gwir, ond gesh i uffar o sioc pan esh i mewn… Dyna lle roedd y boi 'ma'n ymbalfalu ar ei bedwar yn prysur fynd drw' mhetha fi!

"Be uffar ti'n feddwl ti'n neud, mêt?!" me' fi.

Dyma'r cont yn neidio'n glir a dal ei ddwylo i fyny fel Mecsican cachwraidd mewn ffilm gowbois…

"Hei, dal sownd nawr," mo. "This is not what you think it is, right?"

"Do's 'na'm byd gwerth 'i ddwyn yma, reit?" me' fi (ar wahân i notebook yn llawn jôcs sâl). "Ffwcia o'ma'r lleidar uffar!"

"Sori, Pete! Wyt ti wedi ffindo'r handcuffs?" medda'r fodan fawr 'ma ar ei ffor' o'r gawod, lliain dros ei gwallt a dim byd dros ei blew... Bach y Gwreiddyn, myn uffar i – toedd hon ddim! Ond mi sgrechiodd fel banshee pan welodd hi fi...

"Beth sy'n mynd mla'n, Hilda?" medda Mecsican Pete. "Wedest ti bydde dy ŵr di yn y côr!"

"Nage ngŵr i yw e!" medda'r fodan. "Who the fuckin' hell are yew?"

"Sori!" me' fi, gan gochi at 'y nghlustia. "Gnewch yn siŵr bo' chi'n cloi'r drws tro nesa. Dwi 'di dŵad i mewn i'r garafán rong!"

[Saib]

Clwb Carafanwyr Cymru, myn uffar i – fyswn i byth wedi mynd ar gyfyl y lle taswn i'n gwbod na lle felna oedd o!

[Bonllef o chwerthin a chymeradwyaeth fyddarol]

"Diolch yn fawr i ti, Gron!" medda'r cynhyrchydd. "O'dd hwnna'n intro lyfli... Ti'n gweld y bachan 'co sy'n hifed Magners man'co..."

"Hwnna sy'n chwil beipan yn y gongol?" me' fi.

[Gan nodio]

"Fe yw beirniad teledu *Y Tyst*, twel... Let's call this a pilot for a potential TV series! And now perhaps to begin, yes?"

TELEDU CYLCH CYFYNG I:

SHYN GIN Y COMISIYNYDD

Taro tra bod yr haearn yn boeth, dyna be oedd y syniad. Mi oedd *Dyddiadur Dyn Priod* wedi bod ar y radio ddwywaith yr wthnos am ddeufis ac mi oedd y criw i gyd yn meddwl bysa hyn yn amsar da i fynd i weld sut oedd ei dallt hi ynglŷn â cha'l sioe ar y teledu am tshenj... O'n i wedi anfon sgript beilot atyn nhw'n barod ac o'n i'n disgwl 'mlaen at gwarfod y comisiynydd, pwy bynnag oedd o erbyn hyn... O'n i wedi bod drw' hannar dwsin ohonyn nhw dros y blynyddoedd a phur anamal o'n i wedi ca'l bachiad, ond mi o'n i'n teimlo dipyn mwy ffyddiog tro 'ma...

"Wi'n browd iawn o beth mae'r Sianel wedi gyflawni mor belled," medda'r Comisiynydd wrth inni ista lawr yn ei stafell o, "ond ma'n rhaid cyfadde bo' ni'n ca'l tam bach o broblem 'da hiwmor ar y funed..."

"Tewch â deud," me' fi. "Chaethon ni rioed broblem efo hiwmor yn Dre 'cw, w'chi."

"Ie – 'na beth y'ch chi Gogs wastod yn weud," mo. "Ond wy'n digwydd credu bo' hiwmor yn rhywbeth rhyngwladol, twel. So ni moyn dim byd plwyfol man hyn, ma 'nny'n saff i ti... Nawr, gwed wrtho i. Beth yn gwmws wyt ti wedi neud...?"

"Wel," medda fi, yn llawn egni a brwdfrydedd a geiria mawr erill sy'n tueddu i ddŵad i ben rhywun pan ma petha'n mynd yn dda. "Mi dwi wrthi'n sefydlu'n hun fel stand-yp comic ar hyn o bryd..."

"Sori?"

"Dwi wrthi'n …"

"Ie, ie! Clywes i ti'r tro cynta. Stand-yp comic? Sa i wedi clywed amdanot ti. Beth yn gwmws wyt ti wedi neud?"

"Enwa di fo, dwi wedi neud o!" me' fi. "Clybia, tafarna, steddfoda… de, gogledd, gorllewin… llyfra, cylchgrona, recordia, theatr, radio…"

"Radio?" medda fo'n flin.

"Sori?" me' fi.

"Sianel deledu yw hon!" mo. "Wyt ti wedi neud teledu o gwbwl?"

"Do, Tad mawr…"

"Pryd?" medda fo'n amheus.

"1989," me' fi.

"1989?" medda fo'n ddilornus. "Seventeen years! Ble yffach wyt ti wedi bod, mêt?!"

"Wrth y ffôn yn disgwl am atab!" medda fi. "Dwi wedi'ch trio chi bob blwyddyn yn ddi-ffael. Dwi wedi gweld hannar dwsin o bobol yn ista yn dy sêt di ond shyn gin y comisiynydd dwi wedi ga'l bob gafal hyd yma."

"Nag wyt ti wedi cysylltu 'da'r cwmnïe cynhyrchu?" mo.

"Dwi wedi trio bob un wan jac ohonyn nhw," me' fi. "Ond tydi'r bwmerang byth yn dŵad yn ei ôl…"

"Mm…" medda'r cedor yn feddylgar. "A history of 'Dear Gron' letters… Beth ma 'nny'n awgrymu, tybed? Wyt ti wedi ystyried falle bo' fe rwbeth i neud â ti? So ni'n syffro ffylied yn y diwydiant hyn, ti'n gwbod. Comedi y'n ni moyn, nage blydi nonsens!"

Dyna lle roedd o'n ista ar un pen i'r bwrdd, tua milltir

i ffwrdd o'rwtha fi, yn swiflo yn ei gadar ledar fatha ryw General Franco, ryw Cwd d'état oedd yn gwbod yn iawn bod gynno fo bŵer absoliwt drostat ti. Cont cul y swydd saff oedd yn mynnu llancio a sbeitio a holi a stilio a dy osod di mewn clorian, heb unrhyw awdurdod o fath yn y byd ar wahân i'r sicrwydd pendant nag oedd o rioed wedi sgwennu ffyc-ôl yn ei fyw. A finna, sycar, wedi byw yn ddigon hir i wbod na taw pia hi... Wyt ti isho'r job 'ma ne beidio, Gron bach? medda fi wrth 'yn hun. Bihafia dy hun, 'ta, 'nei di?

"Ma'n ddrwg gin i anghytuno efo chdi," medda fi, "ond dwi'n meddwl bod sioea radio yn sail go lew i gyfres deledu. Dyna oedd hanes y Goons a Hancock a'r rheina i gyd, ia. Dwi 'di neud dwy gyfres radio erbyn hyn."

"Pwy wyt ti'n meddwl wyt ti, Colin Jackson?" mo. "So track record yn cyfri dim byd. You're only as good as your latest script, mor bell â dwi yn y cwestiwn! Sori! Sa i ishe bod yn angharedig. Ma Mam yn dod o Nant-garedig a nhad o Rhandir-mwyn ond... Dwi wedi darllen y sgript drosodd a throsodd ond... Anodd gwbod beth sy'n bod ar y gwaith... Diffyg dychymyg, walle?"

Oedd yr hogyn yn dechra ca'l digon erbyn hyn ond mi nath ei ora glas i beidio dangos hynny.

"Ia, dwi'n siŵr bod chdi'n iawn," medda fi, gan agor 'y nghês. "Peth anodd iawn ydi darllan sgript yn oer... Ella bysa fo'n help tasat ti'n dallt dipyn o'r cefndir. Fysat ti'n licio ca'l cip ar 'yn llyfra fi?"

Peth dyfara 'nes i rioed!

"Ffycin hel!" medda fo a saethu fatha bwlat o wn ar ei draed. "Alla i ddim credu bo' ti wedi gweud 'nna! Sdim byd yn hala fi'n fwy crac na rhywun sy'n hala blydi llyfre ato i!"

"Be sy?" me' fi. "Wyt ti'n an-llyfr-ennog ne rwbath?"

"Ie, ie, doniol iawn!" mo'n sbeitlyd. "Lowest form of wit, sarcasm, twel. Wyt ti'n trial cachu ar dy jips, ne beth?"

"Be ti'n ddisgwl i mi neud, crafu dy din di?" me' fi.

"Ma fe wastod yn help!" mo.

"Yndi, mwn," me' fi. "Ond ddim dyna be 'di job sgwennwr, naci?"

"Beth yw jobyn sgwennwr, 'te?" medda fo.

"Deud petha ma pobol ddim yn licio glwad," medda fi. "A job pobol fatha chdi ydi nadu fi neud o!"

"Sneb yn sensro dim byd man hyn!" mo. "What you see is what you get. An honest and considered opinion, backed by a first-class degree in psychology from one of the best colleges in Oxbridge! Wi'n nabod y gynulleidfa fel cefen 'yn llaw. Bues i'n aelod o'r Young Farmers ar hyd 'yn o's! You take it from me. Ma pobol Dyffryn Tywi yn gwbod beth yw cachu pan ma'n nhw'n ei weld e…!"

"Be ddudist ti?" me' fi, migyrna fi'n tynhau a ngwrychyn i'n codi go iawn erbyn hyn. Oeddan nhw'n deud bod y blaen slaes 'na yn S4/C wedi costio miloedd ond fysa hwn wedi ca'l slaes gin i am ddim!

"Ha, ha, ha, ha!" mo. "Jôc, achan! Chwertha, 'nei di? Ffyc-mi-pinc! Comic, wedest ti? O'n i'n meddwl bydden i'n ca'l tam bach o laff 'ma heddi!"

"O ia?" me' fi. "Faint o laff ti'n meddwl fysat ti'n ga'l efo Tony Hancock am ddeg o'r gloch bora? Ne Spike Milligan, ne John Cleese. Toedd Lenny Bruce ddim yn deud gair o'i ben tan iddo fo ga'l peint ne ddau ac roedd rhaid i ti iro pwmp Eirwyn Pontshân am tua teirawr cyn iddo fo fentro ar y llwyfan!"

"Dere mla'n nawr!" medda'r boi'n nawddoglyd. "So ti'n

gosod dy hunan yn y league 'na, wyt ti?"

"Caernarfon and District League ydw i," me' fi. "Dwi wedi profi bod gin i gynulleidfa…"

"Do, lan yn y Badlands, walle," mo. "'Na beth wi'n trial weud 'thot ti. So dy hiwmor di'n teithio!"

O'n i wedi delio efo pobol fel hyn o'r blaen. Pobol oedd yn troi rownd mewn cylchoedd, yn dadla er mwyn dadla heb unrhyw ddiddordeb mewn cyrraedd na de na gogledd na dim byd arall… Dyna lle roedd o'n syllu arna i dros ei sbectol, cystal â deud, 'Gwranda'r pwrs. Fi ydi'r Alf a'r Omega Garnett yn fan hyn, wa'th i chdi heb â bustachu trio, ei di i nunlla efo fi, reit?'

"O'n i'n meddwl bo' chi'n despret am gomedi," me' fi.

"Odyn! Ond so ni cweit mor despret â 'nny… Jôc!" mo eto cyn i mi ga'l tshans i ddeud dim.

"Ocê!" mo. "Os wyt ti cystal â 'nny o fla'n cynulleidfa, gwed *ti* jôc wrtho *i*. Dere mla'n! Cwic, cwic, cwic…"

"Be ti'n feddwl ydw i – machine?" me' fi. "Dwi'n gwbod na *Just a Minute* oedd enw sioe Nicholas Parsons ond toedd o ddim yn laugh a minute tan i rywun sgwennu'i leins o!"

"Good try, good try, whare teg i ti," medda'r cedor hyll. "Testo pobol, 'na beth yw'n jobyn i, twel. So ti wedi neud yn ffôl o gwbwl ond, yn anffodus, ni wedi derbyn nifer o sgriptie addawol iawn yn ddiweddar…"

"Gwranda'r cont!" medda fi. "Ma 'na ben draw ar gachu'n dena. Dwi 'di bod yn chwsu gwaed ar y peilot 'na tra roedd dy beilot di'n dy fflio di i'r Bahamas!"

"Sori!" mo. "Sda fi mo'r help os o's diffyg talent…"

"O ia? Sgiwsia fi'n gofyn, gyfaill," me' fi, "ond pa dalent arbennig sgin ti dy hun, felly?"

"Y talent i sboto talent!" mo. "Wi'n cytuno 'da beth

wedodd Robert McKee 'bytu 'less is more', twel. Darllenes
i sgript y boi 'ma wthnos dwetha. O'dd cyn lleied ynddi,
comisiynes i beder cyfres on the spot!"

"Arglwydd mawr! Sut ddiawl cest ti'r job 'ma, d'wad?"
me' fi. "Ma'r Nebo-tistiaeth 'ma wedi mynd yn rhemp.
Union fatha George Bush a George Bush Junior. Yr hen
ŵyr a'r ifanc a Dubya, ia? Pwy'n union ydi dy dad, felly?"

"Outside, you cheeky bastard!" medda fo. "Nobody
talks to me like that. Blydi awduron! Chi i gyd mor touchy.
Wi'n heto'r ffycin lot o chi! Who needs you anyway? You
make me sick. You'll be blackballed throughout the industry
nawr! You'll never work again!"

Dyna lle roedd y boi yn neidio i fyny ac i lawr ar ben
y bwrdd, ac yn cicio'n sgript i i bob cornol o'r stafell yn
wallgo ulw bost tan i ddau Seciwri-co mawr hyll ruthro i
mewn a'i roid o mewn streit-jacet… Ac wedyn, dyma 'na
ryw fodan fawr fronnog yn cerddad i mewn, wedi'i gwisgo
fatha tasa hi'n mynd allan i swpar yn y Ritz…

"Ma'n flin 'da fi 'bytu 'nna!" medda hi. "Ma fe'n digwydd
bob tro ma'r lleuad yn llawn. Dilutions of grandeur – dŵr ar
y brein! Dim ond esgus bod yn gomisiynydd ma fe. So fe'n
gwbod dim byd 'bytu comedi, chwel."

"Nawr 'te!" medda'r fodan, gan hel y tudalenna o sgript
oedd yn dal i ddylifo'n slo bach i lawr o'r to, a setlo tu
nôl i'r ddesg. "So ni wedi cwrdd, odyn ni?" medda hi gan
gynnig ei llaw i mi. "Karla Karlinski, Kyfarwyddwr Komedi
Korfforaethol… Call me K for short!"

"Goronwy Jones, Dyn Dŵad," me' fi.

"Peidiwch becso!" medda hi. "Pobol ddŵad y'n ni i gyd
yn y ddinas 'ma erbyn hyn, ontife? Nawr 'te, gwedwch 'tho
i… Beth yn gwmws y'ch chi wedi neud?"

Y BABELL LÊN
DYDD IAU – 12.15

ARGLWYDD – DYMA FI!

(PROPS: WIG A GŴN)

Trech gwlad nac Arglwydd!

Sori! Gin i ben mawr bora 'ma. Fuesh i yn yr House o' Lords drw' nos neithiwr. Sâl ddau ben – pen bach a pen mawr... Ond, dyna fo, pen bach a pen mawr ydi bob Arglwydd, ia. Mae o'n ddigon i dy neud di'n swp sâl ma'n siŵr, tydi – gorod gwisgo fel hyn bob dydd... O'dd ceidwad y gwisgoedd yn synnu 'ngweld i bora 'ma.

"Be wyt ti heddiw?" medda fo. "Tory ta Whig?"

"Naci Tad! Welsh Nash glân gloyw," me' fi. "Wyt ti'm 'di clwad? O'dd y Party of Wales yn teimlo cymaint o biti dros Lord Nant Conwy yn ei lordio hi fanna ar ben ei hun bach, ma'n nhw 'di penderfynu gyrru reinforcements i gadw cwmpeini iddo fo!"

Dach chi wedi gweld y teip o bobol sy yn Nhŷ'r Arglwyddi, do? Arglwydd mowr! Dyna i chi Arglwydd Mae Hi'n Nosi! i ddechra – cant a deg yn nhraed i sana... Arglwydd Dal Fi Nes Mynd Adra wedyn, yn chwil beipan yn y gornol 'cw bob nos... Lord Letysan, Lord Trwynynycafn ... Lord, help us, ia!'

"Sori, mei Lord," medda Stiwart wrth y giât acw bora 'ma. "Nesh i'm nabod chi. Sdim ishe i chi dalu, siŵr – mewn â chi... Dim ond y commons sy'n gorod talu i ddŵad mewn i'r Steddfod!"

[Newid y dôn – à la Arglwydd go iawn – wrth y gynulleidfa]

Peidiwch â siarad yn wirion, 'newch chi? Dwn i'm be dach chi'n chwerthin! Gadwch i mi neud o'n berffaith glir. Fysa'r un o 'nhraed i'n mynd ar gyfyl Tŷ'r Arglwyddi 'blaw bod o o les i bobol Cymru! Trech gwlad nac Arglwydd, wrth reswm pawb, ond ma'n rhaid defnyddio dulliau annemocrataidd weithia er mwyn achub democratiaeth. Ma 'na newidiadau pwysig ar fin digwydd. Cyfansoddiad Cymru sy'n y fantol fan hyn!

'Cyfansoddiad' ddeudist ti? Mae o'n effeithio ar 'y nghyfansoddiad i, ella i ddeud wrthach chi. Sdim rhyfadd mod i'n swp sâl yn House o' Lords yr hotel 'cw trw'r nos!

Glywsoch chi bod Plaid wedi newid ei henw, do? Dim parti ydi o bellach ond Ei Pharti Hi. Ma'r Blaid Fach Frenhinol wedi treiglo'n llaes ar hyd ei thin ac ma ei ffarti hi'n drewi yn uffernol hefyd, alla i ddeud wrthach chi!

Taw Soccer-tis! Taw â dy lol! 'Dan ni'n llawer iawn rhy negyddol fel cenedl. 'Dan ni'n rhei da iawn am beidio â gneud petha!

Peidio â mynd i Dŷ'r Arglwyddi...

Peidio â joinio'r armi...

Peidio â chanu 'God Save the Queen'...

Beidio bod yr amsar wedi dod i beidio peidio?

Peidio peidio, medda fi! Ella bod hynny'n swnio fel dwbwl-negatif, ond dwi'n dwbwl-positif bod rhaid i ni ddechra defnyddio'r sefydliadau yma er ein budd ni'n hunain! Ond gadwch i mi neud o'n berffaith glir na fysa'r un o 'nhraed i'n mynd i Dŷ'r Arglwyddi oni bai fod o er lles pobol Cymru – the People of Wales!

Diwygio Tŷ'r Arglwyddi – 'hwnna ydi o!' Lein y Dyn Tryc gin Wil Sam oedd honna. Ond dyna fo, os ti'n mynd i ddwyn leins, ma hi'n bwysig dwyn y rhei da, yndi?

Diwygio'r Tŷ, ddudist ti? *[gan dynnu ei wig]* Di-wigio'r basdads, dyna fyswn i'n licio neud! Llechio nhw allan ar y stryd i werthu *Big Issue* yn eu dagra, ond cadw'r moethusrwydd fel mae o, wrth gwrs, a throi'r House of Lords yn lloches i'r digartra!

Ie, ie, ie! Cytuno bob gair. Ond siawns na ellir gwyro'r mymryn lleiaf ar yr e-gwyro-rion er mwyn ca'l y maen i'r wal! Fydd yr un wan jac o Arglwyddi'r Blaid yn arddel eu teitlau y tu allan i furiau Tŷ'r Arglwyddi. 'My Sweet Lord' fydd fy nheitl swyddogol i fy hun, er enghraifft, ond my sweet lord ne beidio, alla i'ch sicrhau chi bydda i'n gymaint o fasdad blin ag arfer yn y byd mawr tu allan! Yr hyn sy'n bwysig yn ystod y cyfnod tyngedfennol hwn yn ein hanes yw ein bod ni i gyd yn rhoi buddiannau'r genedl o flaen buddiannau personol. Gadwch i mi neud o'n berffaith glir fysa 'run o 'nhraed i'n mynd i Dŷ'r Arglwyddi, oni bai... oni bai...

[Gan gyfeirio at aelod cysglyd o'r gynulleidfa]

Be sy, Misus? Dwi'n mynd ar 'ych wig chi yndw? Meddyliwch amdana fi, 'te – dwi'n gorod actio'r bali rwtsh! Ddeuda i wrtha chi be 'na i. Sdim rhaid i chi lyncu Araith yr Arglwydd yn gyfa, reit. Fedrwch chi ddarllan y gweddill yn y Cyfan-soddiada.

[Gan daflu ei wig]

Pa mor farus ydi baruster, y? Pa mor gall ydi barnwyr y goron? Ma'n nhw wedi bod yn in-bridio ers cymaint o amsar sdim rhyfadd bod nhw mor boncyrs… Judge-Mental, ddeudoch chi? Ma'r rhan fwya o judges y wlad ma'n mental 'sach chi'n gofyn i mi!

Ma Cymru ar 'i ffor' i lawr y llwybyr llithrig tuag at hunanlywodraeth, meddan nhw i mi, a does 'na neb fedar 'yn stopio ni. Ond, tydi hunanlywodraeth ddim yn gyfystyr â rhyddid wrth gwrs, nagdi? Pw' 'di'r 'hunan' yn yr 'hunanreolaeth', dyna dwi isho wbod. Does gin y politishans 'ma ddim rheolaeth ar eu hunain!

[Drws ochor y Babell Lên yn agor. Pâr oedrannus yn dŵad i mewn, a'r drws yn cau'n glep ar eu hola]

Dowch i mewn! Peidiwch â bod yn swil. Sori? Be? Naci, ma'n ddrwg gin i. Ddim fi ydi beirniad yr emyn fodern. Ond dwi'n gweld o bell y dydd yn dod, ia. Fyddwn i ddim yn hir, w'chi. Ma croeso i chi ddŵad i mewn i witiad, os fedrwch chi niodda fi'n gneud lol. Ma hwn yn lle handi uffernol i 'mochal rhag y glaw, yndi?

[Wrth y gynulleidfa]

Ddoish i mewn yn gynnar bora ddoe i glywad rhywfaint o'r darlith o'dd yn y slot jest cyn 'yn slot i. Deud y gwir yn onast, do'dd gin i ddim llawar o ddiddordab mewn clwad y Dr Gwyneth Pierce yn mwydro am hanes y Wenhwyseg o 1485 i 1799. Cwbwl o'n i isho o'dd gweld faint o bobol oedd hi'n medru'u denu chwadal â fi... 'Na i ddim deud clwydda, Misus, gesh i 'mrifo i'r byw pan welish i chi a gweddill y gynulleidfa yn dylifo o 'ma megis tsunami ar ôl i Gwyneth orffan... Come on, rŵan! Dyna be naethoch chi ddoe – sdim iws gwadu! Synnu'ch gweld chi yma heddiw 'ma. Be ddigwyddodd? Dach chi wedi ca'l tröedigaeth ne rwbath? Clwad bod y Cofi wedi dofi, mwn. Wel, dyna fo, be newch chi, 'de? Fiw i mi regi a rhwygo a finna yn fyw ar S4/C 24/7!

[Ymateb o'r gynulleidfa]

Wedi'ch siomi? Tewch â deud! A finna hefyd. Dyna sy'n digwydd i ni i gyd wrth i ni fynd yn hŷn, ia... Dwi wedi dysgu na felna ma petha, w'chi. Os na dach chi'n disgwl dim byd, chewch chi mo'ch siomi, na chewch? Cymrwch chi'r tipyn Cynulliad 'ma sgynnon ni...

[Saib – ochenaid]

Dwn i'm be i ddeud, wir Dduw! Dach chi'n cofio'r stori 'na am sut nath y Gweinidog Diwylliant dorri'r newyddion drwg am y papur dyddiol Cymraeg?

"Hei, Ned!" mo.

"Be?"

"Dim *Byd*!"

Stori gelwydd gola, siŵr o fod, ia. Clebar gwag, chwadal nhwtha, clecs pen rhewl. Ond clec felna oedd hi, ia, ar ôl yr holl addewidion! Ergyd farwol, fatha clec o wn. Ar ôl yr holl sbio 'mlaen i weld y Blaid Bach mewn grym – grim iawn o'dd petha yn y diwadd! Briwsion, dyna i gyd gafodd yr hogia. Dyma'r Gweinidog Diwylliant yn gweiddi 'Wê, wê, wê, Ned

Thomas!' cyn troi at Dylan Iorwerth, *Golwg* a deud, 'Dylan, Ior-werth *Y Byd*'!

Tro dwutha o'dd Steddfod yn Gaerdydd, oeddan ni'n cynhyrchu rwbath o'r enw *Y Dinesydd* dyddiol ar y Maes bob dydd. 'Ni,' medda fi! O'dd yr hogyn wedi ca'l ei banio rhag cyfrannu'r un sill o ddim byd i'r *Dinesydd*, toedd, ond mi fyddwn i'n sleifio i mewn i'r baball bob dydd efo hanesion yr hogia ar y pop noson cynt, ac mi o'dd gynnon ni agent provocateur o'r enw Cen Cartŵn yn gneud yn siŵr bod y straeon yn mynd i mewn. Dyna pa mor cîn o'dd yr hogia i weld papur dyddiol adag hynny, ylwch, ac ma hi'n bosib na dyna'r agosa ddown ni byth.

Ond, dyna fo. Dach chi'n gwbod be o'dd y trwbwl efo Ned Thomas, tydach? Toedd o'n methu gneud syms! Tasa fo wedi gaddo gneud collad cymaint â'r Gerddi Botaneg mi fysa wedi ca'l y blwmin pres ar ei ben. Ma pwll diwaelod i ga'l i rei petha, does. Union fatha'r Mul arall 'na – Canolfan y Muleniwm. Be gei di gin ful ond cic, ia.

Cymru'n Un: dyna be 'di maniffesto'r Glymblaid 'na, ia. Pa mor 'glum' ydi glymblaid? Dyna be dwi'n ofyn. Ma'n nhw'n torri'u haddewidion Cymraeg bob un wan Union Jac. 'Cymru'n Un', myn uffar i! Cymru'n un llanast uffernol, tasach chi'n gofyn i mi! Ond, dyna fo. Gaethon ni ddigon o rybudd ar y bora cynta 'nnw yn 1997, do. Dach chi'n cofio'r geiria 'na – 'What a very good morning it is for Wales!'? Na finna chwaith! Ond Ron Davies o'dd yn iawn – proses ydi datgymalu, ia. Be ddigwyddodd i'r Teigar 'na yn Teigar Be, dwch?

Pan ddoish i lawr i Gaerdydd i fyw ers talwm, o'n i'n gadal bro Gymraeg. Ond erbyn hyn y fro Gymraeg sy wedi 'ngadal i...

'Toes na'm ffasiwn beth â bro Gymraeg,' medda un o'n harweinwyr ni yn y Cynulliad. Yn wir, yn wir, meddaf i chwi. Fydd 'na ddim beth bynnag, na fydd, os ydi o rwbath i neud efo *fo*!

'Ma hi'n drist iawn gweld yr iaith yn gwanhau yn y gorllewin,' medda rwbath arall, 'ond ma hi'n anodd iawn gwbod beth i neud 'bytu fe...!' Os nag wyt ti'n gwbod, washi, symud allan o'r ffor' a g'na le i dy well. Ma hi mor glir â hoel ar bost i rei ohonon ni!

'Ellwch chi byth ag ymyrryd yn y Farchnad!' medda *fo*, sosialydd mawr. Os nag wyt ti'n fanc sy mewn trwbwl wrth gwrs, ne'n gwmni trên preifat ne'n ffarmwr... Ma 'na bwll diwaelod o bres y trethdalwr i ga'l wedyn, does? Ymyrraeth am y gwelwch chi! 'Ie, ocê, fair cop,' medda'r arweinydd mawr. 'Ond ma'r iaith wedi troi'r cornel nawr.'

Troi'r gornal, myn uffar! Ti rownd y bend ne be, washi? O'n i'n meddwl na comedians oedd yn rhoid stretshis ynddi!

'Mewnlifiad? Be 'di hwnnw?' medda Bob Blaid Bach. 'Toes na'm ffasiwn beth â mewnlifiad, siŵr iawn – jest meddwl amdano fo fel additional voting opportunities!'

Haleliwia! Dyn bob lliwia.

Be newch chi, dwch, pan ma gynnoch chi bobol fel hyn yn 'ych arwain chi? Arwain i lle, dyna dwi isho wbod. Dwi'm yn ffansïo trip i Abergofiant, diolch yn fawr! Ma Bob Blaid Bach yn rong. Peidiwch â gwrando arno fo! Ma gwleidyddiaeth yn lot rhy bwysig i'w ada'l i'r Bobol sy'n dallt! Ma'r lle 'ma'n chwalu'n rhacs jibidêrs o'n cwmpas ni a'r Teigar 'na'n dal i neud dim byd ond balda-ruo yn y Bae...

TALKIN' TIGER BAY BLUES

Tradd.: trefniant Bob Dylan/Goronwy Jones

"Ma Bob Dylan yn y CIA!" medda Marx Merthyr.

"Yndi, ma'n siŵr," medda fi. "Ma Meic Stevens yn yr MI5 hefyd!"

"Cardiff International Arena, you twat!" medda Marx.

"Twat dy hun," medda fi. "Be ti'n feddwl ydw i – ffŵl? Ma rhaid i mi bractisho'n jôcs ar rywun, does!"

"No laughin' matter, a Dylan concert, see," medda Marx. "He's risen from the dead more than once already. If I wasn't a communist I'd say he was the Messiah!"

O'dd Marx yn ddigon hen i gofio'r Dylan cynta, hwnnw oedd yn martsio efo'r CND a Martin Llwytha King a'r rheina. Mi hitshodd o i lawr yr holl ffor' o Ferthyr i weld o yn y cnawd yn y Capitol yn Gaerdydd yn 1965.

"Oedd Caerdydd yn gapital amsar hynny, oedd?" medda fi.

"Nage 'capital', bachan. Capitol!" medda Marx.

"O, reit, sori!" medda fi. "As in Capitolist basdads ti'n feddwl, ia?!"

"Fuck off, you annoying bastard," medda Marx. "You're doing my head in with your bloody puns! That's the trouble when you're bilingual – there's even more of the damn things!"

O'dd Marx wedi teithio ar hyd y lonesome trail efo Bob ar hyd y blynyddoedd. O'dd o wedi bod yn y cyngerdd enwog hwnnw ym Manceinion pan feiddiodd o roid pick-up ar ei gitâr acwstig, pan ddaru'r boi 'nnw weiddi 'Jiwdas!' arno fo am greu gitâr drydan a gwerthu'i enaid i Manweb. Mi oedd o yn y consart yn Gaerdydd hefyd pan gyfeiriodd Bob at y ffaith bod o yng Nghymru. 'They say my father came from around here!' mo, er bod o'n dal i wadu bod Dylan Thomas ddim byd i neud efo'r enw roth o arno fo'i hun. Ti'n gwbod y llais 'na sy'n gweiddi 'Croeso, Bob!' ar y bootleg? Marx oedd hwnna, yn gosod ei farc ar yr hanas.

Ma Marx yn mynnu bod Bob Dylan yn Aberystwyth yn 1969. O'dd o wedi bod yn yfad efo'r hogia yn y Llew Du ond ddaru neb 'i nabod o achos bod o'n gwisgo'r sbecs haul 'na fel arfar. O'dd Bob ar ei ffor' i'r Arwisgo yn Dre 'cw 'blaw bod Robert Plant wedi gweiddi 'Hei, Zimmer-man, where you goin' to run to?' ac wedi'i ddenu fo am sesh pnawn yn yr Owain Glyndŵr ym Machynlleth. Ddaru Bob gyfarfod â Cerys Matthews yn Jury's Hotel, Caerdydd, hefyd ac mi ddaru o addo sgwennu cân iddi hi. Gobeithio bod o'n wir, dyna'r cwbwl ddeuda i. Ma'r dorf yn Besda Roc a ballu yn gwirioni bob tro ma hi'n canu cân Gymraeg yng nghanol ei set Susnag. 'Arglwydd Dyma Fi, Ar Dy Alwad Di' – dyna sy'n llonni nodyn yr hogia bob tro, ond fysa hi'n reit braf ei chl'wad hi'n canu ryw nodyn arall am tshenj, bysa?

Chwedla difyr, chwedla da. O'n i wedi gwrando ar Marx yn eu hailadrodd nhw ddwshina o weithia dros y blynyddoedd. Ond doeddan nhw ddim patsh ar y chwedl 'ma oedd gin i – chwedl bysa Marx yn rhoid braich chwith Lenin amdani…

Fel o'dd hi'n digwydd bod, o'dd 'yn ffrind i, Neville Noda, yn tiwnio pianos yn y CIA ar y dwrnod o'dd Bob Dylan a'r band yn chwara yno. Ffan y Dylan cynnar ydi

Nev. Dwi'n ei gofio fo'n canu fersiyna dwyieithog o'i ganeuon protest o yn y New Ely ers talwm a rhoid y pres i Gymdeithas yr Iaith. Fuesh i rioed yn ffan mawr o Bob Dylan ond o'n i reit ffond o 'Glöyn in the Wind', 'Basdads of War' a 'The Times They Araf Changin' a ballu.

"Wyt ti moyn dod i'r gyngerdd?" me' Nev.

"Na, ma hi'n ôl-reit, 'sti," me' fi. "Sgin i'm lot o fynadd efo rustalgia!"

"Dere mla'n, achan! Ma Bob yn fythol fyw. Ti byth yn gwbod beth neith e. Falle ganith e 'Down along the Cofi' i ti! Sdim ishe i ti fecso am y tocynne," medda fo, efo winc fawr gynnas. "Ma concessions i ga'l i'r staff, twel!"

Ti'n nabod fi – fedra i ddim madda i beint am ddim ac mi benderfynish i y Dylan ni fynd. Dyna lle ro'n i'n cicio'n sodla tu nôl i'r llwyfan yn disgwl i gontact Nev ddŵad draw efo'r tocynna i ni tra oedd o wrthi'n tiwnio'r ivories. O'n i'n dechra dyfaru 'mod i wedi mynd, deud gwir. Wyt ti rioed wedi clwad dyn yn tiwnio piano, do? Mae o fatha gwrando ar Stravinsky ne Shostapoitsho ne rwbath – bob un nodyn allan o diwn! Dyna lle ro'n i'n trio cuddio 'nghlustia pan gesh i sioc ar 'y nhin… Dyma 'na gang o gerddorion yn cerddad ar y llwyfan gan gynnwys neb llai na Mr Zimmerman ei hun…

"Ffycin hel!" medda Nev, gan wllwng ei fforch a'i fwrthwl tiwnio ar lawr, a'r cwbwl fedra'r ddau ohonon ni neud o'dd sefyll yn stond yn fanna, yn syllu'n gegrwth ar 'yn gilydd… O'n i'm yn gwbod be i ddeud. O'n i'n teimlo fatha gneud rhwbath i nodi'r achlysur fatha nath Marx. O'n i'n teimlo fatha deud rwbath wrth Bob ond o'n i ofn be fysa fo'n ddeud yn ôl – union fatha o'n i pan welish i John Lennon yn Fangor ers talwm.

Co' da am yr hen ferchaid gwirion 'nny yn pawennu Nelson Mandela fatha tasa fo'n anifail mewn sŵ o flaen Gwesty'r Park ers talwm… Fysan ni wedi medru twtsiad Bob Dylan, ond wedyn fedar neb dwtsiad Bob, na fedar…

"Iesu! Ma fe'n fach, on'd yw e?' medda Neville Noda. 'Dreni bo' dim camera 'da ni. Allen ni dynnu'i lun ar gyfer *Sioeg Elf*!"

Noson y consart oedd Nev a fi yn sefyll wrth y bar yn y CIA yn gwrando arno fo'n perfformio… Ddim y ffaith bod o'n fach ddaru nharo fi'r noson honno ond y ffaith bod o'n hen… Roedd o wedi colli'i lais yn y Mid-West yn rwla a dyna lle roedd o yn crawcian fatha llyffant cryg efo laru'n jeitus. O'dd gin y creadur gric'mala yn ei law, felly fedra fo ddim chwara gitâr, dim ond ploncio fatha ploncar ar y piano roedd Nev wedi'i thiwnio iddo fo. 'Canu'r piano' wyt ti fod i ddeud, medda Siân, ond ffor' ma Bob yn perfformio dyddia yma, fyswn i'n sticio at y gair 'chwara' 'yn hun, ia. Dyna i ti be o'dd consart-tina go iawn. O'dd rhai o'r hen ffans yn gwisgo crysa-T efo geiria allan o 'Desolation Row' arnyn nhw: 'You wouldn't think to look at him but he was famous long ago…'

Bob druan – does 'na ddim byd gwaeth na rhywun yn edliw dy leins dy hun i chdi, nag oes? Ond dim ond tynnu'i goes o oedd yr hogia, wrth gwrs, achos bod Bob wedi treulio'i oes yn tynnu coesa pawb arall. 'Ma 'na rei sy'n symud ymlaen ac ma 'na rei'n mynd yn hen,' chwadal Ems. Dibynnu sut ti'n sbio arni ma'n siŵr, yndi? Neville Noda oedd yn iawn. Ma gin Bob y ddawn o neud i chdi deimlo na tydi o'n canu i neb ond chdi weithia. Dwn i'm lle ca'th o afa'l ar yr hen gân Gymraeg 'Y Bachgen Main' – menthyg hi o rwla reit siŵr, nabod fo – ond y gân yna sy'n 'y ngha'l i bob tro, beth bynnag. O'dd Bob wedi'i haddasu hi a'i galw hi'n 'Ballad of a Thin Man', a dyna lle roedd o'n dal i udo yn 'y nghlust i am oria ar ôl i'r consart orffan: 'Somethin' is happenin' and you don't know what it is – do you, Mis-ter Jowwwwwwwns...'

YR ACADEMIG TOST

O'n i'n cicio'n sodla yn y tŷ 'cw un bora pan ganodd y ffôn… O'n i wedi bod yn restio ers wthnosa, fel y bydd pob stand-yp da, fel bod gynno fo ddigon o nerth i sefyll i fyny tro nesa bydd o'n perfformio. Iaith ryfadd ydi'r iaith Gymraeg, medda fi wrth 'yn hun wrth fynd i atab yr alwad. Pam bysa dyn di-waith yn cicio'i sodla a fynta isho cerddad yr holl ffordd i'r Job Centre?

"Bore da! Dr Jones?" medda'r llais ar y ffôn.

"Sori, rong nymbyr," me' fi. "Dwi'n meddwl ella na rywun arall dach chi isho…"

"Na, na, na, pidwch â mynd," medda hi. "Adran y Gymraeg, Prifysgol Caerdydd, sydd yma. O'n i'n meddwl tybed allech chi neud ffafar â ni…"

Mam bach, dyma ni eto! medda fi wrth 'yn hun. Dyna ydi'r trwbwl pan dach chi'n dechra perfformio yn 'ych henaint. Ma pobol yn meddwl na jest i neud o i basio'r amsar dach chi, syplimentio dipyn bach ar y pensiwn a ballu. Ma pob clwb llenyddol a chymdeithas y chwiorydd yng Nghymru yn disgwl i chi fynd i'w diddanu nhw am y wobr hael o de a bisgedi a ffeifar at y petrol os dach chi'n lwcus… Ond naci tad, dim byd o'r fath, medda ysgrifenyddes yr adran. O'dd rhein isho i mi fynd draw i ddarlithio iddyn nhw…

'Yn ymatab cynta fi, wrth gwrs, o'dd 'rhusio', chwadal Nain Nefyn, cachu yn 'y nhrowsus fel byddan nhw'n deud yn Dre, gwadu 'mod i'n medru, trio dŵad allan ohoni… Ond o'dd hi'n job galad uffernol gwrthod hon, o'dd y greaduras bach jest â drysu, medda hi, methu ca'l neb i ddysgu'r myfyrwyr ar y cwrs ysgrifennu creadigol ar gyfer y teledu.

"Pam dach chi'n gofyn i mi?" me' fi. "Be sy wedi digwydd i'ch darlithwyr arferol chi? Sgriptwyr *Gwaed y Gwirion* a'r *Pafin Arian, Pris yr Iechyd* a *Tipyn yn Galed* a ballu. Beidio na tydi rhei ohonyn nhw ar ga'l?"

"Ma pob un yn fishi ofnadw!" medda hi. "So ni'n gallu cystadlu 'da'r cyfrynge o ran y ffioedd, chwel!"

Yn bersonol, o'n i'n meddwl bod £200 am ddwy awr o falu cachu yn gyflog uffernol o dda ond ma'n debyg na tydi o ddim hannar digon i ddenu arbenigwyr go iawn.

"So arian felna'n ddim byd ond arian poced i sgriblwrs y sgrin, chwel," medda'r fodan. "Plis pidwch â gwrthod! Wi wedi cyrraedd gwaelod y rhestr nawr…"

Diolch yn fawr i chdi am y compliment, del! medda fi wrth 'yn hun. Chwara teg, i ddiawl, ma gin bawb ei falchdar, toes? Ond, ar y llaw arall, ma gin bawb ei forgej hefyd…

"Peidiwch â phoeni," medda fi, gan smalio mynd drw' 'nyddiadur. "Dwi'n meddwl ella bod gin i ryw fwlch bach yn 'yn schedules…"

"Diolch yn fawr i chi!" medda'r fodan. "Ma 'da ni fyfyrwyr da iawn eleni. Ma'n nhw wedi bod yn astudio'ch gwaith chi ishws…"

"Dwn i'm?" me' fi. "Be, 'lly?"

"Sa i'n siŵr," medda hi. "Ond wi'n gwbod bod yr Athro wedi'u cyfeirio nhw at 'ych gwaith ymchwil chi…"

Alias, myth a Jones! medda fi wrth 'yn hun. Dwi wastad wedi ca'l traffath efo'n hunaniaeth yn Gaerdydd! Gwaetha fi'n 'y nannadd gosod, o'n i'n teimlo fatha impostar pur unwaith eto. Ond dyna fo, job ydi job, ia?

"Mi fedra i ddarlithio ar bob dim dan haul, w'chi,"

me' fi. "Be yn hollol fysach chi'n licio i mi neud?"

"Sa i'n siŵr iawn," medda'r fodan. "O Lanboidy wi'n dod, chwel. 'Y beiau gwaharddedig' ma fe'n weud lawr man hyn… Allech chi dysgu nhw shwt i bido sgwennu sgript?"

Ma'n nhw'n deud na Prifysgol Caerdydd ydi un o'r rhei gora ym Mhrydain. Gora am be, dwi'm yn gwbod. Toes na'm posib ca'l lle i barcio 'na, alla i ddeud hynny wrthach chi… O'dd y Seciwri-co wrth giât y Coleg mor gyndyn o ada'l rhywun i mewn â bysa porthor Broadmoor i ada'l rhywun allan…

"Sgin ti I.D.?" medda fo wrtha fi.

"Oes – Goronwy Jones…" me' fi.

Mistêc mwya nesh i. O'dd y Seciwri-co yn amlwg yn feirniad comedi craff. Toedd o ddim yn gwerthfawrogi jôc sâl. Pwy a ŵyr? Ella bod o'n ca'l bonus am bob cwsmar o'dd o'n ei wrthod fatha pob bownsar arall yn y wlad 'ma. Fuo rhaid i Dr Jones barcio yn y Rhath yn rhwla a cherddad yr holl ffordd yn ôl.

Ma Cathays druan wedi mynd i'r diawl, medda fi wrth 'yn hun wrth ymlwybro tua'r Coleg. Ugian mlynadd yn ôl o'dd hon yn gymdeithas sefydlog. Dyna lle roedd Pat O'Mara, Terry O'Malley a Jero Jones a phawb yn byw ac yn bod, ac yn yfad mewn tafarna go iawn fatha'r Heath a'r Crwys a'r Flora… Bai pwy ydi'r 'bai-to-let' 'ma, y? Does 'na'm byd ond arwyddion mawr hyll bob yn ail dŷ bellach, matras yng ngardd un tŷ, welington efo twll ynddi hi o flaen un arall, a bagia o rybish sy heb gael eu casglu ers misoedd… Y Waun Ddyfal ydi Cathays yn Gymraeg, medda Nowi Jon. 'Dyfal' donc a dyr y garrag, ia…

Esh i mewn i'r New Ely yn ddiweddar a be welish i? Dim byd ond criw o Saeson chwil o Cardiff University yn cnocio'u penna yn erbyn walia i gyfeiliant rhyw fiwsig aflafar oedd yn mynd bwm-bwm-bwm trw'r adag. The End ydi enw'r pyb rŵan. Diwadd ar be 'sgwn i? Diwadd ar Brifysgol Cymru, ma hynna'n saff i chdi!

"Sori, Dr Jones! Ma rhaid i fi lanw'r ffurflenni hyn," medda'r ysgrifenyddas pan gyrhaeddish i'r coleg o'r diwadd. "PhD miwn beth sy 'da chi?"

"Gyrfa Filwrol Git o'r Glyn!" medda fi mewn chwinciad.

"O'n i'n meddwl taw rhywun arall nath yr ymchwil 'nny…" medda hi'n amheus.

"Ia, dach chi'n iawn. Rhywun arall nath y gyfrol gynta," me' fi. "Trwbwl ydi, oedd o'n fwy o Git nag oedd neb yn ei feddwl!"

Pwy ddeudodd bod darlithio yn waith calad? Ma sefyll a mwydro o flaen dosbarth o stiwdants yn waith hawdd ar y diawl o'i gymharu efo gneud stand-yp mewn clybia. Ma'n nhw i gyd yn sobor i ddechra. Tydyn nhw ddim yn prepian drw' gydol dy act di a tydyn nhw ddim yn dy heclo di chwaith, jest rhag ofn i chdi'u spotio nhw a mynnu bod nhw'n sgwennu traethawd ne rwbath. Ma 'na genod bach cydwybodol iawn sy'n clustfeinio'n astud ar bob gair ti'n ddeud ac yn gneud nodiada fel slecs. Ma 'na rei erill sy'n nyrsio penna mawr ac yn dylyfu gên yn y cefn cystal â deud, 'Be gymri di? Ti'n lwcus 'mod i wedi troi fyny o gwbwl, y cont boring!'

Oedd hi fatha darlithio i Rip Van Winkle, myn uffar i. Ddwy awr yn ddiweddarach dyma'r gloch yn canu. Dyma nhw i gyd yn deffro a ffwr' â fi…

"Doctor Jones! Doctor Jones!" medda'r llais 'ma tu ôl i mi wrth i mi fynd i lawr y coridor am adra…

"Duw, helô!" medda fi wrtho fo. "Chdi o'dd yn ista yng nghefn y stafell, ia? Sut ma dy Benmaenmawr di erbyn hyn?"

"Sori," medda fo. "Gesh i ffwc o sesh neithiwr. O'n i jest isho gair efo chi cyn i chi fynd…"

"Ydw i 'di dy weld di yn rwla o'r blaen?" medda fi, gan grafu 'mhen.

"Dwn i'm… Ella," mo, fatha ci lladd defaid.

"Do, Tad Mawr!" medda fi, gan gofio'n sydyn. "Fydda i byth yn anghofio gwyneba – yn enwedig cega mawr sy'n 'yn heclo fi mewn clybia nos!"

"Sori!" medda fo. "O'n i'n chwil.gaib…"

"Paid â phoeni!" me' fi. "Fel dudith unrhyw stand-yp wrthat ti – ma unrhyw ymatab yn well na dim. Ma'n ddrwg gin i neud cyff gwawd ohonat ti o flaen dy ffrindia. Twyt ti ddim yn goc oen blewog a twyt ti ddim mor hyll â thwll din tyrci chwaith!"

"Ma hi'n blesar ca'l 'yn sarhau gin rywun fatha chi," mo. "To'n i'm yn gwbod bo' chi'n ddoctor…"

"Paid â dechra ffalsio," me' fi, "ne mi fydda i'n tynnu 'ngeiria yn ôl!"

"Isho gofyn ffafr i chi ydw i," mo. "Fysach chi'n fodlon i mi iwsho un o'ch straeon chi ar gyfer y Llwyd o'r Bryn?"

"Llwyd o'r Bryn?" me' fi. "'Di o'n dal yn fyw? O'dd o'n gant a deg pan gesh i wobr gynno fo yn Steddfod Mynytho ers talwm…"

"Dach chi'n gwbod…" mo, "cystadleuaeth y Steddfod Genedlaethol."

"Fedri di fforddio'r ffi?" me' fi, tynnu goes o, ia.

"Dwi'n meddwl na'r Steddfod sy'n handlo'r royalties…" mo.

"Dwi'm yn coelio mewn royalty, 'sti," me' fi. "Darn doniol ta darn difrifol wyt ti isho?"

"Darn difrifol o ddoniol os ca' i," mo. "Dwi'n gobeithio mynd i'r Coleg Cerdd a Drama flwyddyn nesa... Fysa'n bluan yn 'y nghap i taswn i'n ennill!"

Ffyc-mi-cacademia! Pa fodd y cwympodd y safonau? O'dd darpar thesbiaid gora'r genedl yn dŵad at Dr Jones am ffisig! Esh i a'r llanc i'r Flora i ddysgu rwbath iddo fo am SA Brains. Mygins yn talu wrth gwrs, ia...

"Wyt ti'n siŵr bo' chdi'n gneud peth call yn iwsho'n stwff i?" me' fi. "Ella bysa'n well i ti neud Rhys Lewis yn troi'r cloc ne rwbath os wyt ti isho ennill cystadleuaeth!"

"Nesh i Danial Owan i lefel A," mo. "O leia dach chi'n dŵad o'r ugeinfed ganrif, tydach!"

"Pa stori fysat ti'n licio neud?" medda fi.

"Dwi'm yn siŵr," mo, gan shyfflo'n annifyr yn ei sêt. "O'n i'n meddwl ella bysach chi'n medru awgrymu rwbath..."

"Be ti'n feddwl ydw i?" medda fi. "Darllenwr meddylia ne rwbath? Tasat ti'n deud pa lyfr fysa'n help!"

"Ia, wel, ym... Deud y gwir yn onast wrthach chi," medda fo, "Dach chi'n gwbod sut ma hi ar stiwdants tlawd dyddia yma... Ma 'na gymaint o betha i... Pwynt ydi... 'Dan ni mor brysur yn... sgynnon ni'm lot o... sgynnon ni'm lot o amsar i ddarllan, nag oes?"

"Be?" medda fi. "Ti'n trio deud... twyt ti'm hyd yn oed yn gwbod enwa'r llyfra, nag wyt, heb sôn am eu blydi darllan nhw!"

"Nadw, ocê, fair cop!" mo. "Ond plis peidiwch â bod yn gas efo fi. Ma Nain yn cofio atoch chi...!"

"Dy nain?" me' fi. "Pw' 'di dy nain di, 'lly?"

"Dwn i'm os dach chi'n ei chofio hi," mo. "O'dd hi'n arfar yfad efo chi a'r criw yn y New Ely ers talwm..."

Fydda i'n deud jôcs wrth y stiwdants cyn i mi ddechra darlithio. Jest i neud siŵr bod nhw'n effro... "Llenwch y gofrestr os medrwch chi sgwennu," me' fi. "'Na i'm gofyn i chi pwy 'di'ch rhieni chi, jest rhag ofn 'mod i'n nabod 'ych mama chi..." Ond neinia, myn uffar i! O'dd hen griw'r Ely wedi mynd i bedwar ban... O'dd Connolly wedi ca'l ban o'r Cameo ac oedd Max Merthyr wedi ca'l ban o'r Con Club, ond gesh i ffit biws pan glywish i pwy oedd hon... Gresilda, 'moll' y New Ely, myn uffar i! Nesh i rioed feddwl bysa hi wedi setlo lawr i fod yn fam, heb sôn am fod yn nain! 'Sgwn i be ddigwyddodd?

Ma raid bod beic yr hen greaduras wedi rhydu yn y diwadd!

"O'dd Nain yn deud bo' chi'n dipyn o rebal ers talwm..." medda'r stiwdant.

"Be ti'n feddwl 'ers talwm'?" me' fi. "Dwi'n ormod o rafin i rei pobol o hyd. Dyna dwi'n drio deud wrthat ti!"

"Na, na, na! Dim o gwbwl," medda'r boi. "Ma Nain ar y Pwyllgor Llên, dach chi'n gweld, ac ma hi'n deud bod 'ych stwff chi'n ddigon parchus ar gyfer llwyfan y Genedlaethol erbyn hyn!"

Dyma fi'n stagio ar 'yn hun yn y gwydyr tu ôl i'r bar a gweld rwbath diarth yn sbio'n ôl... O'n i'm yn meindio bod yn ganol oed, ia, ond o'n i'n casáu meddwl 'mod i'n ganol y ffordd... Peth dwutha o'n i isho neud o'dd troi'n Victor Mildew yn sgwennu *Last of the Summer Whine*. O'dd hi'n bryd i'r hogyn ddechra rhempio eto a toedd 'na ddim cymaint â hynny o amser ar ôl...

JYNCET Y JONESUS

JONES
TYPE: Patronymic
ORIGIN: Hebrew
NOW FOUND MOST IN: Llandudno
TOP MOSAIC TYPE: Rural isolation

Mi fyddwn ni'n derbyn yr *Observer* bob dydd Sul ac mi
fydda i'n obsyrfio 'ngwraig yn ei ddarllan o. Papur sych ar
y diawl fydda i'n ei weld o, ond ma 'na fwy o liw yn y
colour supplement, ac un dwrnod glawog mi gesh i stag ar
y mag 'ma oedd yn deud o lle ma'n enwa ni i gyd yn dŵad.
Ychydig iawn o Gymraeg glywi di ar strydoedd Llandudno,
ma'n rhaid i mi ddeud, i feddwl bod 'na gymaint o Jonesus
yn byw yno. Ond, dyna fo, ella dylswn i fynd yno'n amlach
yn hytrach na llechu yn fy rural isolation…

Patronymic type, yndw. Ma'n rhaid cyfadda hynny. Rhei
garw am batro fuo'r Cofis rioed!

Toedd gin i ddim syniad 'mod i'n Eiddew chwaith ond
dyna fo. Ma'r Eiddew wedi sbredio dros y byd i gyd, yndi,
ac ma'n debyg na Jones ydi un o'r enwa mwya cyffredin yn
America hefyd…

Ma raid bod 'na rywun yn S4/C wedi darllan yr *Observer*
achos mewn rhyw wsnos ne ddwy mi welish eu bod nhw'n
bwriadu gneud sioe fawr yng Nghanolfan y Muleniwm,
Caerdydd, a'r cwbwl wedi'i seilio ar y Jonesus. 'Gathering

of the Clans' go iawn, ia – y gynulleidfa a'r artistiaid oedd yn eu difyrru nhw, bob un wan jac yn Jones! Syniad gwych, medda fi wrth 'yn hun. Cyfla i weld y teulu i gyd, ia. Tshans am barti!

O'dd cyhoeddusrwydd S4/C yn wych – roedd y genedl gyfa' wedi cyffroi drwyddi. Roeddan nhw wedi newid y geiria ar y Muleniwm a bob dim, a'r 'From These Stones' wedi troi yn 'From These Jones' ar gyfer yr achlysur. O'n i'n disgwl i'r ffôn ganu bob dydd, gwitiad i'r postman gyrradd, e–bost, tecst... Ond wrth i'r dwrnod mawr ddŵad yn nes ac yn nes, mi ddoth hi'n fwyfwy amlwg bod yr hogyn wedi ca'l ei snybio. Chesh i ddim ffycin gwahoddiad yn diwadd, naddo?

"Ha–ia Gron! Wyt ti'n mynd i'r parti?" medda Meira Bach Caeathro wrtha fi un dwrnod ar y Maes yn Dre...

"Pa barti?" me' fi.

"Parti'r Jonesus ar S4/C, ia!" medda Meira.

"Dwi'm yn siŵr iawn eto. Gawn ni weld, ia," medda fi, yn gelwyddog i gyd, smalio bod dim ots gin i.

"Ma'n rhaid i gomedian fatha chdi fynd ma'n siŵr, does," medda hi. "Ga'th John a fi marvellous surprise. Completely out of the blue. Dwi'm yn gwbod pam bod ni wedi ca'l invite!"

"Iawn i ti ga'l rwbath allan o dina'r diawlad," medda fi. "Ers pryd wyt ti wedi bod yn Mrs Jones, Llanrug?"

"1982 – reit o'r dechra!" medda Meira. "Pwy fysa'n meddwl, ia, wedi'r holl flynyddoedd! Fi yn yr audience a chditha'n perfformio ar y stêj!"

Ia, da iawn, Meira, medda fi wrth 'yn hun. Trystio chdi i rwbio halan yn y brew... Ond dyna fi'n penderfynu rwbath yn y fan a'r lle. Os oedd hen fflêm i mi'n disgwl 'y ngweld i ar y llwyfan, pwy o'n i i'w siomi hi, ia? Dyma fi'n dechra dyfeisio Plan B – ddim dyma fysa'r tro cynta i mi gêt-crashio parti...

O'n i wedi heirio siwt pengwin a dici-bo yn sbeshal ar gyfar yr achlysur a ffwr' â fi i gysegr sanc-tei-ddiola Canolfan y Muleniwm. Dyma fi'n cerddad i fyny at fynedfa'r artistiaid yn rêl llanc cyn i ryw surbwch o Seciwri-co flocio'n ffordd i...

"Name...?" mo.

"Dyn Dŵad," me' fi.

"Dean what?" mo. "You've got to be a Jones to come through here. I haven't got a Dean Jones on the system... Got any I.D.?"

"We've got I. D. Hooson, aye," me' fi. "He was a very famous poet from Rhos..."

"You tryin' to be funny?" mo.

"Yes," medda fi. "I'm a comedian and I need to practise my sgript for the sho..."

"Sorry, pal! It's more than my job's worth. Computer says you don't exist."

"Gwranda, Kant," me' fi. "Sgin i'm amsar i drafod athroniaeth bywyd efo chdi. Dwi ar y stêj mewn llai nag awr..."

O'dd 'na griw o ddynion yn protestio tu allan a dyma 'na ddau ne dri ohonyn nhw'n rhuthro i mewn mwya sydyn, heibio i hannar dwsin o blismyn, a dechra dringo efo crampons a rhaffa i fyny walia'r Muleniwm.

"Be 'di'r broblem, hogia? Jonesus dach chi?" me' fi. "Ydyn nhw'n gwrthod gadal chitha i mewn hefyd?"

"'Fathers for Justice' y'n ni," medda'r boi. "Ma'n nhw'n pallu gadel i ni weld 'yn plant."

"Dwi'm yn meddwl ffeindi di nhw i fyny fanna..." medda fi, a chyfeirio at do'r Muleniwm.

"Mas o'r ffor', y pwrs dwl!" medda'r boi o'dd yn cario pump plismon ar ei gefn a dau Seciwri-co yn cydiad yn ei din o...

Peth trist iawn ydi gwasgariad ac oedd biti gin i drosd yr hogia oedd yn methu gweld eu plant, ond fuo ddrwg erioed nag oedd o'n dda i *rywun*, fel bydda i wastad yn deud. Fedrwn i'm peidio sylwi bod y Seciwri-co wedi gadal y giât ar agor... Be 'di'r pwynt gêt-*crashio*, medda fi wrth 'yn hun, os gelli di jest cerddad trwyddi? I mewn â fi i Jyncet y Jonesus tra oedd y Seciwri-co yn rhy brysur i sylwi...

Gesh i dipyn bach o sioc pan esh i tu nôl i'r llwyfan a llyncu ryw chwe glasiad sydyn o sieri... I feddwl na Gathering of the Clans oedd hi i fod, chydig iawn o'r 'sêr' o'n i'n nabod.

Oeddan nhw wedi gobeithio ca'l Tom Jones yn top o ddy bil, meddan nhw, ond o'dd o'n rhy brysur yn dysgu geiria 'Hen Wlad fy Nhada'. Ma gwilydd gin i ddeud nad o'n i rioed wedi clwad sôn am Grace Jones. Ond hi oedd seren y noson heno 'na. O'dd gynni hi donsils fatha lledar Sbaen, chwara teg iddi, ond toedd hi ddim yn swnio fatha Cymraes i mi. Sut oedd Americanes felna'n ca'l gwadd a hogia Dre ddim, dyna o'n i isho wbod. O'n i'n meddwl bod o'n dipyn o disGrace 'yn hun, ia...

Wrth gwrs, doedd Tom ei hun ddim yn Jones go iawn, chwaith. Woodward oedd o cyn iddo fo briodi. Dyna i chi Tammy Jones wedyn. Helen Wyn oedd hi pan oedd hi ar *Disc a Dawn,* ond gollodd hi gyfla yn fanna, dwi'n meddwl. Tasa hi ddim ond wedi galw'i hun yn Tammy Wyn Nèt o ran parch i hairstyles merchaid Bethesda yn y chwedega, fysa hi wedi mynd yn bell iawn. Ac Aled Jones wedyn. Dyn Eira oedd 'i enw fo'n wreiddiol! Dyna fo, medda fi wrth 'yn hun, wrth wrando ar y holl acenion Susnag ac Americanaidd. Do's na ddim byd yn newid. Gin 'Jownes' fwy o jans na 'Jôs' ma siŵr, toes?

Dyna pam o'n i mor falch o weld comic o'n i'n nabod… Bryncoch ei hun, myn uffar i!

"Wali'r cont!" me' fi. "Be wyt ti'n neud 'ma?"

"Haia, Geofge!" mo.

"Be ti'n fwdro'r cwd!" me' fi. "Gron dwi! Dwi'm wedi heneiddio cymint â hynny, does bosib?!"

"Cfeisus, Mr Picton," medda Wali. "Tydi Geofge Jones ddim wedi tfoi fyny!"

"Paid â phoeni!" medda Mr Picton. "Dwi'n Jones ar 'y nghardyn Equity!"

"Im-postaf wyt ti," medda Wali wrtha fi. "Twyt ti ddim ar y postaf!"

"Ti'n un da i siarad," medda fi. "Twyt ti'm hyd yn oed yn Jones. Wali Tomos wyt ti!"

"Ia, dwi'n gwbod," medda Wali. "Ond ma 'nhad i'n Jôs, tydi?"

"Peidiwch â malu cacan jocled," medda Jonsi. "Fydd neb yn dallt yr in-jôcs Jôs 'ma! Chwanag o laeth mwnci hogia, dowch…"

Dyna lle roedd y Dyn Dŵad, ar gyrion yr hanas swyddogol yn ôl ei arfar, ar y tu allan yn sbio i mewn. Ond wedyn, yn sydyn, dyma'r rheolwr llwyfan yn ymddangos, gan drio rhoid trefn ar bawb…

"Jôs y Jôc! Pre-title sequence warm-up. On stage. Final call!"

Dyma fi'n troi rownd i weld be oedd yn digwydd…

"Lle ma Jôs y Jôc?" medda fi wrth Wali.

"Yn y Bog-side yn gneud llond ei dfowsus!" medda Wali.

A dyma fi'n gweld drws arall yn agor led y pen o 'mlaen… Be ydi i fod, Gron bach? medda fi wrth 'yn hun. Y déjà-fu ta'r déjà-fu-ddim? Oes 'na gomic i fod ne beidio?

Ma pobol fawr gachu yn deud wrth eu plant pa mor grêt ydyn nhw o'r eiliad ma'n nhw'n ca'l eu geni, ond ma'n rhaid i'r hogia stryglo 'mlaen ar hyd eu hoes i ffeindio'u llais a gneud eu marc. Cymryd y stêj a sefyll i fyny drostyn nhw'u hunan. Mi ddoish ac mi nesh ac mi goncrish fy ofna… Sdim disgwl i'r promtio ddŵad o nunlla… Deud dy stori a sut doist ti yma… Deud y jôcs ti'n eu cofio ora… Ma 'na Ddyn Dŵad ynddon ni i gyd yn rwla…

Dyma'r hogyn yn martsio heibio i'r rheolwr llwyfan cegrwth, heibio i actau'r oppos-tolion swyddogol a wynebu'r holl fulod yn y Muleniwm…

"Director's cut: include him out!"

Ond o'dd o'n rhy hwyr. O'dd yr hogyn wedi mynd drw' ddrws dychymyg y tu hwnt i'r llen, i ddeud gair ar ran yr holl Jonesus di-nod sydd byth yn cael mynd i nunlla…

Y BABELL LÊN
DYDD GWENER – 12.15

WILI WÊLS

(PROPS: ADAM JONES A GETHIN JENKINS / CRYS RYGBI LLOEGR)

♫ 'On the fifth day of Steddfod my true love gave to me, dau brop o Gymru, crys rygbi Lloegar, un Wili Wonkar and a penis in a pear tree...' ♫

[Gan gyfarch y gynulleidfa]

Be sy, Misus? Dach chi'm yn meddwl bod crys rygbi
Lloegar yn 'yn siwto fi? Ma Meinir Orsaf wedi bod wrthi'n
startshio hwn i mi trw' bora, chwara teg iddi. Canu ffaldi-
raldi-raldi-ro wrth ei smwddio fo a bob dim. Dyna be dach
chi'n alw'n cannu petha'n wyn go iawn, ia!

Sori! Dwi'n ca'l 'yn hudo'n hawdd iawn, ma gin i ofn. Os
ydi'r crys 'ma'n ddigon da i 'nhywysog i, Wili Wêls, mae o'n
ddigon da i minna hefyd. Dwn i'm pwy nath ddyfeisio'r enw
Wili Wêls, na phryd, na pham, ond mi ddaru landio arnon ni
fel bollt o'r nen un dwrnod a dechra ar y 'charm offensive',
chwadal ynta. Pwy a ŵyr? Ella daw o i'r Steddfod i'n gweld ni
heddiw 'ma. Be fysa'n fwy naturiol na gweld 'Wili' yn landio
yn ei 'jopar'? 'Everybody needs a Willie!' chwadal Margaret
Thatcher ers talwm. Ddyla hi wbod, ma'i mab hi'n ddigon o
bric...

Hei, ara deg rŵan! Dim araith yn y Steddfod, os gwelwch
yn dda. Ar wahân i araith Llywydd y Dydd, wrth gwrs...

Fyswn i'm yn synnu gweld Wili Wêls yn landio yn y
pafiliwn pnawn 'ma i gyfarch bardd y Gadar. Mae o wrth
ei fodd efo'r canu caeth, meddan nhw. Be gewch chi gin
gaethion ond canu caeth, ia? 'Dan ni wrth 'yn bodd yn canu
clod Wiliam y Concwerwr! Na, 'blaw lol rŵan, biti gin i dros
Wili Wêls, creadur. Meddyliwch sut o'dd o'n teimlo, gorod
dŵad i Stadiwm y Muleniwm i gyflwyno'r Grand Slam i dîm
rygbi Cymru er gwaetha'r ffaith bod o wedi cefnogi Lloegar
ar hyd ei oes? Meddyliwch sut bysach chi'n teimlo tasa
rhywun yn 'ych fforsio chi i gefnogi Man U a chitha'n syportio
Lerpwl. Dwi'n siŵr bysa well gin Wili gefnogi Chelsea na
chefnogi Wêls. Chelsea oedd enw'i gariad o dwi'n meddwl,
ia. 'Ta cariad Harri oedd honno? Pwy a ŵyr, ella'u bod nhw'n

ei rhannu hi. Na, plis, peidiwch. Fedrwn i'm diodda clwad rhywun yn hefru 'There's three in this marriage' eto!

Chwara teg i'r Saeson am drio, ond toedd 'na ddim croeso i Wili yn Stadiwm y Mulenium ar ôl y Grand Slam. O'dd y dorf yn ei fwio fo, o'dd y chwaraewyr yn ei anwybyddu fo ac o'dd o'n edrach fatha pollock allan o ddŵr. 'Charm offensive', ddeudist ti? Offensive charm ydi rhwbath felna, ia. Trio cymryd mantais o lwyddiant rhywun arall. Ond fyswn i'n dal ddim yn synnu'i weld o'n landio ar y Maes 'ma fatha alien o Mars yn gweiddi 'Take me to your Lieder...' Cystadleuaeth 'lieder' dan bump ar higian oed, dyna dwi'n feddwl, wrth gwrs!

[Clap – Goronwy'n cymryd llymaid o ddŵr]

Sori! Gin i ben mawr bora 'ma am tshenj. Fuesh i yng nghyngerdd yr C Ffactor 'na yn y pafiliwn efo'r wraig 'cw neithiwr. O'dd 'na ddigon o benna mawr yn fanno hefyd, fedra i ddeud wrthach chi. O'dd cynhyrchydd y sioe wedi ca'l dipyn o brênwêf yn fanna, doedd. Cerys a Catrin a Caryl a Connie a ballu... Pwy fysa'n meddwl bod 'na gymaint o'u henwa nhw'n dechra efo C, ia? O'dd gin i dipyn o ffansi cymryd rhan 'yn hun, deud y gwir wrthoch chi. Dach chi'n gwbod sut ma pen rhywun yn dechra chwyddo weithia. O'n i'n dechra teimlo na toedd y Babell Lên 'ma ddim yn ddigon mawr i mi bellach, a ffwr' â fi...

"Pw' dach chi?" medda'r stiward.

"Coronwy!" me' fi. "Gin i gymint o Cnec Ffactor â neb ohonyn nhw, a chymint bob tamad o Max Factor ar 'y ngwynab hefyd. Fi ydi'r wreck yn y wreckium. Connie Jones, bas-castrati..."

"Castrati?" medda Stiwart. "Dos o 'ma 'nei di'r cwd dŵr!"

"Be sgin ti yn erbyn dŵr, y cwd?" me' fi. "Gafodd yr hogan Shân 'na get-awê efo hi, do. Dim ond enw'r afon sy'n rhedag heibio'i thŷ hi ydi Cothi!"

Noson dda, cofiwch. O'dd y tocynna fel aur. Union fatha'r crys Lloegar 'ma. Dwn i'm sawl siop fuesh i ynddi cyn i mi ffeindio un o'r rhein. Ma hi'n haws ffeindio cyfryngi sy'n talu i ddŵad i mewn i'r Steddfod na ffeindio un o'r rhein ar werth yn Gaerdydd.

Be ddigwyddodd i'r hen seremoni fach annwyl honno, dudwch? Seremoni'r Cymry ar Wasgar! Dyna o'dd highlight dydd Gwener y Steddfod ers talwm, 'de. 'Unwaith eto 'Nghymru annwyl, rwyf am dro ar byth barhad'... Sôn am deimlo, hogia bach! Not a dry eye in the house, ai. Bechod bod yr hen seremoni wedi dŵad i ben – fysa Wili Wêls yn medru cynrychioli Irac, bysa. A fynta wedi bod yno ar faes y gad a bob dim. Ddim Wili Wêls ond Wili Wails fysa hi wedyn, ia. Creadur yn wylo dagra hallt am eu bod nhw wedi ca'l eu hel allan o Basra efo'u cynffonna rhwng eu coesa...

Cala ydi'r gair Cymraeg am Wili wrth gwrs. Ychydig iawn o bobol sy'n ei iwsho fo bellach, sy ddim yn argoeli'n dda iawn ar gyfar dyfodol y genedl, ond dyna fo... Ma 'na un peth wedi bod yn ddirgelwch i mi ar hyd 'yn oes. Pam, yn enw rheswm, bod rhwbath mor wrywaidd â chala yn fenywaidd? *[Wrth aelod o'r gynulleidfa]* Dwi yn iawn, tydw Misus? 'Y gala hon' fyddwch chi'n ddeud. 'de, pan dach chi ar 'ych gwylia yn Calahonda... Do'dd 'na 'mond un peth amdani jest i neud yn siŵr– dyma fi'n gofyn i Bruce Griffiths be oedd yr atab. Fo ydi Bruce y Bòs gyn bellad â dwi yn y cwestiwn, ddim y Bruce Springstein 'na. A'r atab gesh i oedd cwpled bach mewn llais o'dd yn gwatwar Gerallt Lloyd Owen.

[Gan godi'i sgwyddau – à la Bruce]

'Wili Wili Lywelyn?

Wili Wen – neu Wili Wyn!'

Ond dyna fo ddigon o falu ynglŷn â Wili Wêls. Ma gin yr hogia eu tywysogion eu hunain i ymfalchïo ynddyn nhw, toes? Ddim Princes dwi'n feddwl ond dynion sy'n yn tywys ni go iawn. Nesh i gwarfod un ohonyn nhw yn dre 'cw noson o'r blaen...

Ma hi wedi mynd yn beth peryg ar y naw mynd am beint yn Gaerdydd gefn nos. Doedd yn ddim byd gin i gerddad ar ben 'yn hun i fyny Bute Street am dri/bedwar o'r gloch bora ers talwm ond ma'r byd wedi newid, yndi? Os na laddith y Tequila shots chi, mi neith y bownsars. Os na neith y bownsars, mi neith rhyw griw o actorion Cymraeg gwirion sy'n grac uffernol ar grac cocên ar eu ffordd yn ôl o ego-trip arall yn Galiffornia ne rwla! Bob tro fydda i'n clwad am Welsh Idols, Welshite-holes ydyn nhw i 'nghlyw i, beth bynnag!

Na – tueddu i gadw 'mhen i lawr fydda i mewn clybia nos dyddia yma, ond ma 'na rei petha na fedri di ddim madda iddyn nhw. Rhywun sy'n dwyn dy beint di er enghraifft – ma honna'n hanging-offence, yn Gynarfon 'cw, beth bynnag!

O'n i'n sefyll yn yr Ha-ha Bar ar ben 'yn hun noson o'r blaen pan roth rwbath hergwd i mi yn 'y nghefn wrth basio, nes oedd 'y mheint i'n seitan ar lawr! Dyma fi'n troi rownd yn reddfol, sgwario i fyny ato fo a phwyntio bys yn ei wynab o'n gyhuddgar...

"Sbia, washi!" me' fi. "Ti 'di pigo ar y boi rong tro 'ma, reit..."

A stopio'n stond...

Ffagan Sant! Pwy o'dd yn sefyll yn y Red Corner, from

Newbridge, Wales ond Joe Calzaghe, myn uffar!

[Gan grynu]

"Hey, Joe!" me' fi. "What's that gun you've got in your hand...? Sut wyt ti, boi? 'Nest ti enjoio'r Stomp heno 'ma, do? Sori am y stomp, 'y mai i o'dd o ... nath o'm glychu dy sgidia downsho di gobeithio, naddo? Ga' i ddeud cymaint o fraint ydi ca'l 'y mheint wedi'i gnocio ar lawr gin rywun mor enwog â chdi!"

[Wrth aelod o'r gynulleidfa]

Ia! Dyna fo. Chwerthwch chi, Misus! Be fysach chi'n neud, y? Ma hi'n syndod pa mor daeogaidd 'dan ni i gyd pan 'dan ni'n cachu brics, tydi? Ella bo' fi wedi meddwi ond to'n i'm isho bod yn pynsh-drync chwaith, nag o'n? (O'dd peryg ar diawl i mi ga'l Lonsdale Belt gynno fo.)

"What's your name, pal?" me' Joe.

"Go...Go...Goronwy Jones," me' fi fatha ryw go-go dancer efo atal deud...

"Don't worry, butt," medda Joe. "I'm going to smash a man called Jones in Madison Square Gardens in November. A round or two don't worry me! What was it?!"

[Gyda rhyddhad]

Esu! Pwy fysa'n coelio, ia? Honna fydd pynsh-lein ora'r Steddfod leni: Joe Calzaghe'n prynu peint i mi, myn uffar i!

Ta-ta tan toc! Wela i chi fory. Peidiwch â gneud dim byd fasa Joe ddim yn neud!

GORAU STATWS, STATWS CO

LLYFR Y GANRIF

Ma 'na betha sy'n digwydd weithia sy'n gneud i chi ama os na chi ydach chi. Petha sy'n gneud i bobol erill sbio arnach chi o'r newydd a chysidro tybad ydach chi wedi ca'l chwara teg ar hyd 'ych oes. Mi ddoth 'na lythyr trw'r drws 'cw un bora o'dd yn dipyn o syndod i bawb…

O'dd Siân wedi mynd efo'r Blaid Bach ar drip-ffeindio-ffeithia am Dafydd a Goleiath yn Gaza, Palesteina; mi oedd Gwenllian wedi mynd i aros efo'i ffrindia ac mi o'n inna'n styc yn y tŷ 'cw efo'r ddwy nain. O'dd hwn yn newyddion anhygoel ac mi fyswn i wedi licio medru'i rannu fo efo rhywun call ond dyna lle roedd y ddwy fam-yng-nghyfrath yn gneud eu gora glas i daflyd dŵr oer ar bob dim…

"Ma raid bod nhw wedi gneud camgymeriad!" medda Sylvia Pugh, mam Siân.

"Naddo," medda fi. "Mae o lawr ar ddu a gwyn!"

"Paid â mwydro, hogyn!" medda'r Hen Fod. "Chest ti rioed wobor gin neb. Pam fysa rhywun yn cynnig rwbath fel hyn i chdi?"

"Peidiwch â gofyn i mi!" medda fi. "Fel dwi'n deud wrthach chi, ddim y llyfra gora sy ar y rhesta yn amal iawn. Tydi'r rhan fwyaf o'r beirniaid ddim yn gall! Dibynnu be sy ar eu agenda nhw, tydi."

"Dewch i mi weld y llythyr 'na," medda Sylvia Pugh fatha gafr ar drana'. "Lle ma'n sbectol i wedi mynd, dwch?"

"Ma hi ar 'ych talcian chi!" medda fi.

Dyma hi'n rhoid ei sbectol ar ei thrwyn a dechra stydio'r manylion…

"Wela i ddim â'r sbectol hon," medda hi. "Ma hi'n dywyll, dywyll …"

"'Ych sbectol haul sgynnoch chi, dyna pam!" medda'r Hen Fod a dyma Sylvia'n sbio'n ddu arna i eto fatha tasa fo'n fai arna fi.

O'dd Mrs Pugh yn octogenerian, o'dd sylvia-dementia arni a chric'mala yn ei cherddad hi ond, ffaeledig ne beidio, mi o'dd anghyfiawnder fel hyn wedi'i chynhyrfu hi'n lân.

"Awduron mwya'r genedl ydi'r rhein i gyd," medda hi. "Daniel Owen… O. M. Edwards… Tomi Rowland Hughes i gynrychioli'r pumdega… Islwyn i gynrychioli'r chwedega… a wedyn, chi…"

"Saithdega, ia!" me' fi.

"Ia, ond pam ar y ddaear…?" medda hi. "Sut yn y byd…? *Llyfr y Ganrif* ydi enw'r sioe 'ma. Be sy nelo hynny â rhywun fel chi…?"

"Pwy sy wedi trefnu hyn?" medda'r Hen Fod.

"Cwmpeini Da," medda fi. "Dwi wedi gweithio efo nhw o'r blaen. Dwi'n eu nabod nhw, tydw?"

"Ia, ond ydyn nhw'n dy nabod di?" medda'r Hen Fod. "Ydyn nhw wedi mynd o'u coea ne be?"

"Be sy?" medda fi. "Dach chi'm yn grinjan, yndach? O'n i'n meddwl bysa chi'n falch 'mod i'n ca'l rwbath."

"Ia ond be fydd pobol yn ddeud?" medda'r Hen Fod. "Ma'r awduron yma yn enwog ac ma'n nhw i gyd yn medru sgwennu!"

Be 'di lluosog mama-yng-nghyfrath? Mama anghyfreithlon, ia? O'dd y basdads yn mynd ar 'y nyrfs i, beth bynnag. Dyna lle roedd y ddwy ohonyn nhw am y gora'n trio sbeitio'r hogyn.

"Triwch sbio dros 'ych sbectol," medda fi gan adjystio sbecs Sylvia Pugh. "Dyna fydda John Roberts Williams wastad yn neud. Ella cewch chi rywfaint o berspectif ar betha wedyn…"

"Peidiwch â meiddio cymryd enw John yn ofer," medda Sylvia Pugh. "Mi o'n i yn yr ysgol efo fo. Ro'dd John yn un garw am warchod safona'r Gymraeg. Dwn i'm be fysa fo'n ddeud ynglŷn â chamwri fel hyn!"

"Erbyn pryd ma'n nhw isho atab?" medda'r Hen Fod.

"Dwi'm yn siŵr. Pam?" medda fi.

"Toes dim rhaid i ti dderbyn, nag oes?" medda hi.

"Nag oes, ddyliwn," medda Sylvia. "I be fysa neb isho gwrando ar ryw fratiaith annealladwy fel dach chi'n sgwennu?"

"Be ddudoch chi?" medda'r Hen Fod, ei gwrychyn hi'n codi mwya sydyn. "Tafodiaith Caernarfon and District ma Goronwy yn sgwennu!"

"Be 'di hynny i chi?" medda Sylvia. "Hogan o Ben Llŷn ydach chi!"

"Ia, dwi'n gwbod," medda'r Hen Fod. "Ond fedrwch chi ddim byw yn Dre am hannar can mlynadd heb ddŵad i licio'r bobol sy'n byw 'cw. Halan y ddaear sy'n siarad y dafodiaith yma a tydw i'm yn licio clwad neb yn eu sbeitio nhw…"

"Diolch, Mam!" me' fi, gweld llygedyn o obaith o'r diwadd.

"Ia, wel dyna fo," medda Sylvia Pugh a chodi'i thrwyn. "Hysbys y dengys y dyn o ba radd y bo'i wreiddyn, 'te!"

"Be ma hynna fod i feddwl?" medda'r Hen Fod.

"Llinell gen Tudur Aled, Parc Nest ydi hi," medda Sylvia. "Mi o'dd Seimon yn y Coleg efo fo yn Oxford. Dyna i chi bobol oedd yn *medru* perfformio, yn y debating societies a'r after dinner speeches a ballu, yntê..."

"Sdim isho i chi boeni'r un botwm corn am Goronwy," medda'r Hen Fod. "Ma gin i ddigon o ffydd ynddo fo. Dwi'n siŵr bod o'n ddigon tebol i gynnal hannar awr ar y teledu!"

"Dach chi wedi newid 'ych cân!" medda Sylvia.

"Ia, wel, y peth ydi, dach chi'n gweld," medda'r Hen Fod, "ma Goronwy'n dŵad o linach hir o berfformwyr cyhoeddus tebol iawn!"

"Felly wir?!" medda Sylvia'n sbeitlyd. "Tro cynta i mi glwad dim byd am hynny!"

"Tydi pawb ddim yn licio clochdar," medda'r Hen Fod. "Pwy ydan ni i ddadla os ydi'r Cwmpeini Da Iawn 'ma'n deud bod Goronwy yn awdur o bwys?"

"Awdur o bwys – be dach chi'n rhuo, dwch? Tasa fo'n awdur o bwys, mi fysa'i waith o ar faes llafur yr ysgolion fel y gweddill ohonyn nhw. Mi fysa'i enw fo yn y *Cydymaith i Lenyddiaeth* ac mi fysa fo'n cael ei ddyfynnu yn y blodeugerddi!"

"Hitiwch chi befo am hynny," medda'r Hen Fod. "Ella bod yr hogyn yn late developer. Ma hi'n amlwg bod o'n tynnu ar ôl 'y nhad."

"Pwy oedd 'ych tad, felly?" medda Sylvia efo dirmyg.

"William Cyril Roberts oedd ei enw fo," medda'r Hen Fod.

"Fedra i ddim deud bod o'n canu cloch..." medda Sylvia.

"Nag 'di, ma'n siŵr," medda'r Hen Fod. "Efo

gweinidogion a phregethwyr lleyg bydda fo'n cymysgu, ylwch."

"O'n i'n meddwl na postman o'dd o!"

"Postman diwylliedig iawn, iawn. Mi o'dd o'n perthyn o bell i Tom Nefyn, w'chi, ac i Lewis Pistyll hefyd o ran hynny…"

"Ia, wel," medda Sylvia'n sarhaus, "dipyn o rebals o'ddan nhw ill dau, wrth gwrs."

"Rebal o'dd R. E. Jones hefyd yng ngolwg llawer iawn o bobol bryd hynny, ond 'y nhad o'dd yn cadeirio'r cyfarfod ble cafodd o'i sefydlu yn ymgeisydd y Blaid yn yr ardal…"

"Tro cynta i mi glwad dim byd am hyn," medda Sylvia Pugh. "Ydach chi'n siŵr o'ch petha, dwch? Ma pobol yn tueddu i romanshio'n o arw pan ma'n nhw'n dŵad i'ch oedran chi!"

"Ia, wel, dwi'n frenin i lawar un, reit siŵr," medda'r Hen Fod.

"Dwi'n synnu na fysach chi 'di sôn rwbath cyn hyn, 'ta!" medda Sylvia.

"Naethoch chi rioed ddangos unrhyw ddiddordeb yn 'y nheulu fi," medda'r Hen Fod. "Gofynnwch a chwi a gewch!"

"Peidiwch â gadel i hyn fynd i'ch pen chi," medda Sylvia wrthi. "Dim ond rhyw damad o raglen deledu ydi'r *Llyfr y Ganrif* 'ma wedi'r cwbwl. Tydi o ddim fel tasa hi'n wobr lenyddol go iawn! Pwy oedd y beirniad, dyna ydi'r cwestiwn!"

"Rhywun digon rhafarnllyd, ma'n siŵr," medda'r Hen Fod. "Ond, dyna fo. Toes 'na ddim byd newydd dan haul, nag oes?"

Dyna lle ro'dd Sylvia Pugh druan yn sefyll yn gegrwth a

llawn jadan-freude yn fanna ac yn taeru'n ddu las nag o'dd dim ots gynni o gwbwl.

O'n i wastad wedi meddwl na petha brau oedd gwobrau. Ma rhei awduron yn deud na dyna sy'n eu cadw nhw i fynd ond be sy'n cadw'r gweddill i fynd? medda fi wrth 'yn hun. Chafodd y rhan fwya o bobol rioed wobr gin neb. Ma 'na rei sy'n licio cael gwobra gan y Frenhinarse, ma 'na rei erill sy'n gobeithio cael eu gwobor yn y nefoedd, ond ma codi'n y bora yn gymaint â fedar y rhan fwya ohonon ni neud a chwilio am gysur ymysg 'yn pobol 'yn hunain. Ond wrth gwrs ma pawb yn licio cael ei werthfawrogi…

"Diolch, Mam!" me' fi.

"Paid â dechra llancio, ti'n dallt?" medda'r Hen Fod. "I rhoid hi i 'honna', dyna be o'n i'n neud. Mae o'n cymryd lot i mi wylltio ond 'd a' i ddim dan draed neb, chwaith!"

"Na newch, ma hi'n amlwg!" me' fi. "Dw inna wedi ca'l syrpréis hefyd, ma'n rhaid i mi gyfadda. To'n i'm yn gwbod hannar y petha 'ma am 'y nheulu."

"Ia, wel, ma hanas yn ailadrodd ei hun yn y ffyrdd rhyfedda weithia, 'sti, tydi?" medda'r Hen Fod. "Ma petha'n mynd ar goll rhwng y cenedlaetha amball dro. Ond ma'n nhw'n dal i lechu yng nghilfacha'r co', 'sti, tydyn…?"

"Cilfacha'r Cofi dach chi'n feddwl!" me' fi.

"Cofis wlad, ia," medda hitha. "Dyna be ydan ni go iawn …"

"Siaradwch drostach 'ych hun!" medda fi. "Co Dre ydw i a dyna fydda i am byth…"

"Stopia fwydro, 'nei di?" medda'r Hen Fod. "Dos i nôl y six-pack 'na i mi o'r ffrij. Ma 'ngheg i fatha cesal blydi caneri efo chdi!"

GOSOD PLAC AR Y BLACK BOY

CYFARFOD TEYRNGED I'R DYN DWAD YN EI DREF ENEDIGOL. DETHOLIAD SWYDDOGOL O'R ARAITH

[Gan gydnabod cymeradwyaeth]

Diolch yn fawr iawn i chi am y croeso. Ga' i ddeud cymaint o bleser ydi bod yma heno, yn ôl yn fy hen gynefin fan hyn, lle dechreuodd bob dim… Does neb yn rhyw siŵr iawn be ydi tarddiad yr enw Black Boy ond ma pawb yng Nghymru yn gwbod am y dafarn, beth bynnag, ac am y traddodiadau sy'n perthyn iddi… Fel brodor o'r Dre rwyf yn ymwybodol iawn o'n treftadaeth lenyddol ni, ac mi hoffwn i ddechra heno drw' gyflwyno crynodeb i chi o ddarlith yr aeth fy nghyfaill, y Cynghorydd Robert W. Penrose, Plaid Cymru, a finna iddi ym Mangor rai wythnosau 'nôl, dan y teitl 'Gyrfa Filwrol Git o'r Glyn', sef ymchwil pellach ar y pwnc a drafodwyd gynta gan Saunders Lewis yn y gyfrol *Mystery'r Canrifoedd*…

[Syndod a rhyfeddod yn y dorf. Siot o Mr George Cooks a Mr Meirion 'Mimw' Thomas yn dylyfu gên]

"Sori i swnio'n dwp," medda fi, wrth i Bob Blaid Bach a finna gerddad draw i'r coleg…"Dwi'm yn gwbod lot fawr am hyn, 'sti. Pwy yn union oedd y Git 'ma, 'lly?"

"Bardd o'dd o," medda Bob. "O'dd o'n byw tua pum can mlynadd yn ôl ac roedd o'n gneud ei fywoliaeth fel milwr…"

"I bwy oedd o'n filwr?" me' fi. "Owain Glyndŵr?"

"Nage," medda Bob. "I Frenin Lloegar!"

"Dwi'n gweld," medda fi. "Dyna pam oeddan nhw'n ei alw fo'n Git, ia?"

"Paid â mwydro, 'nei di?" medda Bob. "O'dd Owain Glyndŵr wedi marw erbyn hynny, siŵr Dduw!"

"Dwi'm yn synnu dim," medda fi, "os o'dd Gits fel hwnna'n cwffio yn ei erbyn o!"

"O'dd Guto'n byw mewn oes wahanol, toedd," medda Bob, yn dechra colli 'mynadd efo fi. "O'dd hi'n Rhyfal y Rhosynna erbyn hynny!"

"Rhyfal y Rhosynna?" me' fi. "Be? O'dd o'n Git pigog hefyd, oedd?"

"Ffagan Sant! Cau dy geg, 'nei di?" medda Bob. "Gwranda ar y ddarlith! Ella dysgi di rwbath."

Darlith uffernol o sych oedd hi hefyd. Yr un hen grafu tin syrffedus, ia. 'Arglwydd gwych y Mers, chdi ydi'r boi mwya hael a handsome yn y byd mawr crwn. Ma dy wraig di'n beth handi ar y diawl ac mi eith dy blant di i Eton a Harrow ar eu penna. Sgin ti'm casgan o gwrw ga' i, nag oes, peth gwael?'

O'n i jest iawn â syrthio i gysgu, ond mwya sydyn dyma 'nghlustia fi'n moeli jest iawn cymaint â 'mhen i. O'dd y darlithydd wedi bod yn darllan rhwng y llinella, medda fo, ac o'dd o'n ama'n gry' fod yna berthynas gyfunrhywiol rhwng y bardd a'i noddwr…

"Be 'di cyfunrhywiol?" medda fi wrth Bob.

"Hoyw, i chdi," medda Bob, gan gochi.

"O'n i'n meddwl na yn Eton a Harrow oedd petha felly'n digwydd," me' fi'n syn. "O'dd o i ga'l mewn ysgolion 'cyfun' hefyd, oedd?"

O'dd hyn yn dipyn o sioc i hogyn diniwad fatha fi. Fedra i ddim darllan y leins sy mewn cywydd heb sôn am ddarllan rhyngthyn nhw! Ond dyna lle ro'n i wedyn yn pendroni trw' gydol y ddarlith ac yn sbio o'r newydd ar yr holl gerddi Cymraeg o'n i wedi'u dysgu ar 'y ngho…

"'Neud i chdi feddwl am rywun fatha Eifion Wyn, yndi?" medda fi yn nhwll clust Bob.

"Be?" medda Bob yn flin.

"Telynegion Men, 'de," medda fi. "Ti'n meddwl bod ei wraig o'n gwbod?"

"Fyddi di'n gwbod bod 'na rywun wedi rhoid peltan i chdi'n munud," medda Bob. "Bydd ddistaw!"

O'dd Bob yn dechra dyfaru bod o wedi gofyn i mi fynd efo fo, dwi'n meddwl, ond felna bydda i unwaith dwi wedi dechra. Ddoth 'na lot o linella erill i'r meddwl wedyn, do? 'Nant y Mynydd Groyw Hoyw' gin Ceiriog a ballu ond mi gesh i'r gras i gau 'ngheg tan i hynny o wallt sy gin i ar ôl ar 'y mhen i godi ac i ias oer ddod drosta i…

"Ddrwg gin i dy styrbio di, Bob," me' fi'n chwsu chwartia. "Ond be am Waldo, 'ta?"

"Waldia i di yn munud!" me' Bob.

"Ia, ond ma hyn yn seriys…" me' fi.

"Be?!" mo.

"'Cofio'," me' fi. "'Hoyw yng ngenau dynion oeddynt hwy'. Be ddiawl 'nei di o beth felly?"

"Os nag wyt ti'n cau dy geg, dwi'n mynd o 'ma," medda Bob, gan nelu am y drws…

"Iawn, siwtia dy hun!" medda fi. "Fyswn i'n cynnig dŵad efo chdi, ond ma hi'n beryg ar y naw deud bo' chdi'n 'dŵad allan' yng Nghymru dyddia yma, yndi!"

O'dd y darlithydd wedi bod yn sbio'n ddu arna i ers

meitin ac mi gafodd lond bol yn y diwadd...

"Esgusodwch fi!" mo, gan dynnu'i sbectol 'ddar ei drwyn. "Be sy'n bod arnoch chi, ddyn? Ydych chi'n homoffobig neu rwbeth?"

"Homo ffobig?" medda fi. "Be dach chi'n drio awgrymu? Tydw i ddim yn unrhyw fath o homo o gwbl!"

"Ma'n ddrwg gin i," medda Bob ar 'yn rhan i. "Comedian ydi o, ylwch. Mae o'n cael ei dalu am fod yn wirion."

"Dwi'n awyddus iawn i ddysgu, cofiwch," me' fi. "Fel ma hi'n digwydd bod, *dwi'n* darlithio yn Dre wsnos nesa. Un cwestiwn bach cyn i chi ailgydio yn y Git... Be am y bardd 'na o'r Rhondda o'dd yn galw'i hun yn 'Homo Ddu'? Dach chi'n meddwl bod o rwbath i neud efo'r 'Black Boy'?

[Bonllef o chwerthin a chymeradwyaeth]

Diolch yn fawr iawn i chi! A diolch yn arbennig i Bob. Mae o'n hen sbort iawn, chwara teg iddo fo – i feddwl bod o ar y Cyngor Sir. Be gewch chi gin gymêr ond cymêradwyaeth, 'de. Be oedd hynna, Bob? Hwrê, ta bŵ? Be 'nei di efo tabŵ, ia, ond syllu arno fo ym myw ei ll'gada nes bod o wedi mynd i ffwr'!

"Ma gin i tabŵ, 'sti," medda Mimw, gan ddangos calon a saeth yn mynd trwyddi ar ei fraich, unwaith gorffennish i siarad.

"Tatŵ ydi hwnna'r lob!" medda fi.

"Tabŵ ydi o gyn bellad â ma'r wraig 'cw yn y cwestiwn," mo. "Enw'n hen fflêm sy arno fo, ia – ti'm yn gweld?"

Pan esh i i fyw i Gaerdydd ers talwm, y tabŵs mawr oedd lysh a rhyw a rhegi. Y tri hyn, a'r mwyaf o'r rhai hyn oedd bob un wan jac ohonyn nhw! Toedd y Cymry ddim yn cyboli efo petha felly, siŵr Dduw, a toedd fiw i chi sgwennu amdanyn nhw, ma hynna'n saff i chi! Ond mae

135

cenhedlaeth wedi mynd a chenhedlaeth wedi Dŵad. Ma'r oes wedi newid yn llwyr, tydi? Ma lysh a rhyw a rhegi wedi mynd yn bla bellach, yn fwyd ac yn ddiod, ac yn Fara Caws i ni i gyd, lle bynnag 'dan ni'n mynd...

Tabŵs newydd sgynnon ni heddiw 'ma, ia. Meiddiwch chi ddeud bod y Gymraeg yn marw a fysach chi'n taeru bo' chi wedi gwllwn rhechan mewn cnebrwn! Sut fedrwch chi ddeud ffasiwn beth a Miss Delwedd Pangloss yn gwenu fatha giât arnoch chi drw' lond ceg o implants Denplan, ac yn 'ych gwadd chi i lyncu'r ffigyra swyddogol mae hi wedi'u masajo'n arbennig ar 'ych cyfar chi?

'Ma Cymraeg yn cŵl, ma Cymraeg yn secsi, ma Cymraeg yn fyw, ma Cymraeg yn ffynnu!'

"Ffynnu peciwliar 'ta ffynnu ha-ha, del?" medda Sam. "Does na'm byd yn ffynnu yn Dre 'ma a toes 'na'm posib rhoid 'gloss' dros Seisnigo chwaith!"

"Twt, twt Sam bach! Be sant ti?" me fi. "Mewnlifiad ydi'r gair poléit."

"Mewnlifiad? Be 'di hwnnw?" medda Miss Pangloss. "Toes na'm ffasiwn beth â mewnlifiad, siŵr iawn. Jest meddyliwch amdano fo fel ennill lot fawr mwy o ddysgwyr! Fel byddan nhw'n deud yn Landudnow: 'Look on the Sir John Bright side of life'!"

Dyna i chdi be 'di jôc go iawn, ia. Os nag ydi dinistrio iaith yn llofruddiaeth, be fysat ti'n ei alw fo – mans-laughter siŵr o fod, ia?

"Wyt ti'n meddwl bydd y seremoni 'ma ar y teli?" medda Mimw.

"Digon o waith, 'sti," medda fi.

"Digon o waith i chdi ella, ia," medda Mimw. "A dim byd i'r hogia, fel arfar."

Tydi hogia Dre byth yn gwenu pan ma'n nhw'n deud jôcs achos bod nhw'n methu'n glir â dallt... Sut medar y Cymry fod mor cŵl pan ddylsan ni fod yn gynddeiriog?

Sam Cei'r Abar, cei, wrth gwrs, cei di – oni bai, wrth gwrs, bo' ni'n cael cais i greu marina mewn Estuary English...

[Siot o'r plac ar y Black Boy]

Ac yn awr, yr awr fawr! Ma hi'n amsar gosod y plac ar y Black Boy.

Does neb yn gwbod yn iawn pwy o'dd y 'Black Boy' ond ma 'na sawl *myth* wedi codi yn ei sgil o. Ma 'na rei yn deud na caethwas un o feistri llonga Lerpwl o'dd o – Methodist Calfinaidd, un o'r etholedig rei, dyn duwiol a da, o'dd yn ffansïo ca'l barman i weithio am ddim. Ond mi gododd hynny gwilydd ar Gristnogion callach yr ardal ac mi drion nhw newid yr enw i 'Black Buoy'...

Ma 'na bobol erill yn mynnu na *alias* o'dd y 'Black Boy' am y Black Prince, sef Charles yr Ail, y terfysgwr hwnnw o'dd yn mynnu cael ei orsedd yn ôl ar ôl i'w dad o golli'i ben. Pwy a ŵyr, ia? Fysa fo mo'r tro cynta i ni ga'l Black Prince yn Dre 'ma, na fysa – na'r dro dwutha chwaith, dwi'n siŵr...

Ond be 'di'r ots, ia? Cwbwl dwi'n wbod ydi be ma'r 'Black Boy' yn ei feddwl yr eiliad hon...

[Yn emosiynol]

Rhaid i chi fadda i mi, tydw i ddim wedi arfar efo'r busnas anrhydeddu 'ma. O'r Ochor Bella 'cw dwi'n dŵad wedi'r cwbwl, ia. Dwi'n gwbod bod yr hen le 'ma'n port o' côl i mi ond toes gin i ddim syniad be 'di'r protocol ar adag fel hyn...

Os ca' i gymryd dalan allan o lyfr y grêt and the cwd am unwaith – yr holl Gymry da hynny sy wedi gweld yr dda i dderbyn anrhydedda gin y Frenhinarse – ga' i neud o'n berffaith glir nad ar fy rhan fy hun rwyf yn derbyn yr anrhydedd hon ond ar ran pob ffoadur druan sy'n ceisio lloches yn yr hafan ddiogel hon.

Y tlawd a'r gwan a'r newynog rei –
Y rhei y mae ganddynt newyn a syched
Am beint a phorc pei!
Ond toes neb isho bod yn OBEse yn fama.
Diwylliant y Dre 'dan ni'n ddathlu heno 'ma.
Cwbwl nesh i o'dd trio rhoid llais i'r hogia…
[Dadorchuddio'r plac. Cymeradwyaeth]

Hoffwn gyhoeddi bod y bar ar agor ac mai myfi sydd piau hon!

TELEDU CYLCH CYFYNG II:

GORAU CO, CO-MISIWN

Ceffyl da ydi 'wyllys, ia? O'dd petha'n mynd reit ddel i'r comic erbyn hyn a dyma fi'n magu digon o blwc i ailgysylltu efo'r Sianel. Gesh i atab yn syth bìn hefyd, chwara teg, ac mi drefnodd yr ysgrifenyddes 'mod i'n cyfarfod y comisiynydd yn y Mochyn Budur ym Mhontcala. Draw â fi mewn da bryd a dyna lle roedd un ne ddau o gricedwyr yn cael peint yng nghongol y bar. Un o fanteision mawr maesu yn y Stadiwm Swalec 'na ydi bo' chdi'n medru slipio trw'r gyli a mynd am long-off yn y pyb heb i'r un o'r pump o hen bensiynwyr yn y dorf dy weld di. Does dim rhyfadd na tydi Glamorgan byth yn ennill dim byd, medda fi wrth 'yn hun, ac o'n i wrthi'n rhoi clec i 'mheint cynta pan ddoth y boi 'ma i mewn efo brief-case a dechra deud y drefn wrthyn nhw…

"Oh, yeah! Howzat 'en? I was very proud of the fact that Glamorgan won the Championship in Investiture year, but I do believe that the celebrations are over by now!"

Dyma'r hogia'n rhoid clec i'w peintia a'i sgidadlu hi'n ôl i neud eu dyletswydd – tu nôl i'r dderwen fawr 'na sy yn y parc ar y ffordd i mewn i'r Stadiwm. Uffar o beth ma siŵr, yndi, ca'l dy 'ddal' yn peidio gneud catches? O'dd yr hogia a finna yn cymryd yn ganiataol na aelod o'r C.C.C. oedd y boi 'ma. County Cricket Club ydi hynna, gyda llaw, er na Cachu Cyn Cychwyn oedd o i ni yn oes Caernarvon County Council ers talwm! Ond gesh i sioc ar 'y nhin pan siaradodd y boi efo fi yn Gymraeg...

"Bastards pwdwr!" mo. "Sai'n credu yn y limited over cricket hyn. 20/20 myn uffar i – bydden nhw lawr i ffyc-ôl yn y diwedd."

"Be wyt ti'n neud 'ma?" medda fi, ar ôl 'i nabod o o'r diwadd.

"Sori! Chest ti mo'r llythyr?" mo. "Wi wedi ca'l 'yn job yn ôl yn S4/Cheque."

"Be ddigwyddodd i Karla Karlinski?" me' fi.

"Paid becso 'bytu hi! Ma hi wedi ffindo rhyw Oktogenerian o Kent. Ma Kedora'n hoff iawn o'r llythyren K. £500K, £1000K... sdim digon i ga'l iddi. Bydde'r siolen yn gwerthu'i hened, twel, os bydde ened i ga'l 'da hi!"

O'r Arglwydd! medda fi wrth 'yn hun. Dwi'n styc efo'r mylliwr 'ma eto. Fel 'na ma petha yn y byd Korfforaethol. Os ti'n gneud bôls o betha, ti'n cael blwyddyn off ar gyflog llawn, a wedyn ti'n ôl yn dy job am weddill dy oes. Waeth imi heb â mwydro efo hwn, medda fi wrth 'yn hun ond mi gesh i siom o'r ochor ora...

"Llongyfarchiade i ti, boi *Llyfr y Ganrif*, e?" mo. "Fi'n impressed. Very impressed indeed!"

"Diolch yn fawr i ti!" me' fi.

"Ma flin 'da fi bo' fi mor swrth 'da ti tro bla'n, ond mor rhyfedd yw troeon yr yrfa, ontife, fel bydde 'nhad druan yn arfer weud. Fel ma hi'n digwydd, o'n i yn y broses o ailddarllen dy lyfre di i gyd pan glywes i'r newyddion hyn... Ma Cymrâg bendigedig 'da ti, on'd o's e? Ac ma'r byd i gyd yn glust i ti nawr. Ma hi'n bwysig nag wyt ti'n cadw dy dalent dan lester..."

"Toes gin i'm mwy o dalant heddiw nag o'dd gin i rioed," me' fi.

"Nag o's, falle bo' ti'n iawn," mo. "Trwbwl yw, ma lot o bobol yn dy gasáu di … ti'n gwbod 'nny, on'd wyt ti?"

"Diolch am y compliment," me' fi. "O'n i'n meddwl bo' fi islaw sylw."

"Na, na, na! Dim o gwbwl. Y ffurf greulona ar sensoriaeth, 'na beth yw anwybyddu! Wi jyst moyn i ti wbod pwy yw dy ffrindie di, 'na i gyd. Ma 'da fi gynllunie, twel, ac rwyt ti'n rhan ohonyn nhw…"

Hei, cŵl hed, Gron Bach, medda fi wrth 'yn hun. Paid â gneud dim byd gwirion, fatha ecseitio. Does 'na ddim ond un peth gwaeth na cha'l dy anwybyddu, a chael dy fflatro ydi hynny. Ac eto, pwy o'n i i droi 'nhrwyn o's o'dd 'na sniff o waith? Dyma fi'n tynnu'r ffeil allan o 'nghês a dechra rhoid ei feddwl o ar waith…

"Dwi'n falch iawn bod gin ti ddiddordab," medda fi. "Be oeddat ti'n feddwl o'r syniada?"

"Pwy syniade?" medda fo'n syn.

"Rheina yrrish i i chdi, 'de," medda fi.

"Blydi Karla Karlinski ontife!" medda fo gan wfftio'n galad. "So 'ddi wedi gadel sgrapyn o ddim byd i fi, twel. Useless fuckin' article!"

"Paid â deud hynny," medda fi. "Twyt ti ddim wedi'u darllan nhw eto!"

"That's what I want to hear!" medda fo. "The droll old Gron that we all know and love!"

"Hei, llai o'r 'old' 'na," me' fi. "Dyma i chdi gopi fan hyn, yli…"

Dyma fo'n cymryd stag syd ar 'y ngwaith i a fflipio fatha ffŵl trw'r pejis…

"*Dyddiadur Dyn Dedwydd*… Tair cyfres ysgafn, 12 x 45'… Saithdega, wythdega, nawdega…" mo.

"Our Friends in the North, ia," medda fi.

"Ma George yn byw mewn comiwn...

Ma Bob yn byw efo'i fam...

Ma Sam mewn byd ôl-fodan...

Ac ma Mimw wastad yn ca'l cam!"

"Fuck-me Lake Brianne! Ma 'da ti ddigon o stwff man hyn i dy gadw di at dy bensiwn!" medda fo.

"Cynllun hirdymor ma'n nhw'n ei alw fo," me' fi. "Chdi ddudodd bo' chdi'n licio cyfresi hir. O'n i'n meddwl byswn i'n trio dipyn o *Foresight Saga!*"

"Doniol iawn, boi! Doniol iawn," mo. "Ond ma 'da fi ofan bo'r goalposts wedi shiffto 'ddar i fi dy weld di ddwetha."

Dyma fo'n dechra rowlio'n sgriptia druan i yn beli bach calad a dechra bowlio bownsars ata fi – Yorkers, Chinamen, Googlies, bob dim – efo holl nerth ei sbin diweddara...

"Ma theori comedi wedi symud mla'n shwt gyment. Ma cenhedlaeth wedi mynd a chenhedlaeth wedi dod, fel bydde tad-cu dlawd yn ei weud yn Henaduriaeth Arfon slawer dydd. Ma'r hen do wedi colli'r plot yn llwyr – o'dd *Fo a Fi* a *C'mon Missffild* yn iawn yn eu dydd ond beth yw'r iws rhygnu mla'n yn yr un hen rigole? Crefydd, iaith, gwleidyddiaeth – 'na beth o'dd wrth wraidd yr ethno-bolocs 'na i gyd, twel. Licen i saethu Mrs Jones, Llanrug, a'i chico hi i'r stiwdio fawr yn y Sky. Lite-ents, 'na beth ma pobol moyn y dyddie hyn. Pure entertainment, ife? 'Na beth yw realiti TV!"

"Lle ti'n pregethu Sul nesa?" me' fi. "Ti'n swnio'n union fatha un o Deulu'r Mans!"

"Stand-yps oedd yr Hoelion Wyth i gyd, twel," mo. "'Na pham ma rhaid i ti a fi stico 'da'n gilydd! Ffindo *niche* i ti, 'na i gyd sda ni neud! 'Da'r syniade sda fi a'r iaith goeth 'na sda ti, ewn ni'n bell iawn!"

Pella i gyd, gora i gyd – felly o'n i'n teimlo... Os oedd y boi yna wedi gwella, o'n i'n tueddu i gytuno efo be ddudodd yr hen T. H. Parry-Williams ers talwm na tydi gwaeth ddim llawer gwaeth na gwell...

"Diolch yn fawr iawn i ti!" medda fi. "Ond, gyda phob parch, dwi'n meddwl bo' fi wedi ffeindio'n *niche* yn barod. Ma'r teledu cylch cyfyng yn recordio bob dim 'dan ni'n ddeud ond dach chi jest yn rhy gul i blydi wel iwsho fo!"

"Cul? Myfi? I don't think so somehow!" mo. "Y byd yw fy mhlwyf i, fel wedodd John Wesley wrth yr Esgob!"

"Hei, watsha 'mheint i!" me' fi, wrth iddo fo sefyll ar ben bwr' a dechra pregethu unwaith eto!

"Wyt ti'n gwbod beth yw'r allwedd i gomedi Cymraeg? Ennill sêl bendith yn Saesneg gynta! Ni fynn y taeog mo'i ryddhau oni bai ei fod ar Universal Release! Sa i'n gwbod os wyt ti wedi sylwi ond ma'n talente gore ni i gyd yn bygro o 'ma i neud eu ffortiwn. Dere mla'n, ma'n rhaid i ti gyfadde, ma popeth yn haws o f'America on'd yw e?"

"Be t'isho i mi neud?" medda fi. "Sgwennu sgript i Hannibal Hopkins a Jet Zeta Jones a gneud fersiwn Cymraeg o *Sex and the Shitty*?"

"O! Chwi o ychydig ffydd!" medda fo. "'Sa di nes bo' ti'n clywed hyn! Jyst i ti ga'l gwbod, wi wedi cwrdd ag awdur anhygo'l!"

"O ia?" me' fi. "Yr un hen stori..."

"Stori newydd sbon, actually!" medda fo. "Ma hwn wedi ca'l profiad o weithio mewn sawl gwlad a sawl iaith. Ni wrthi'n datblygu project excitin' iawn ar hyn o bryd. A wi moyn i ti fod yn rhan o' fe!"

"Pw' ydi'r boi 'ma, 'lly?" medda fi, gan ddechra codi 'nghlustia o'r diwedd. "Os nag ydi o'n sgwennu am iaith a gwleidyddiaeth a chrefydd, dwi'm yn gwbod be arall sy ar ôl!"

"So Kurt yn Gymro, 'na beth yw'r biwti, twel. Ma fe'n dod â perspectif newydd sbon i'n comedi ni. Ma fe wedi dod lan â syniad tremendous 'bytu'r groten fach uniaith Gymrâg hyn sy'n byw mewn tre gaerog ar lan y dŵr yng Ngwynedd…"

"Dal dy ddŵr rŵan, cont!" medda fi. "Wyt ti'n disgwl i mi gydweithio efo Sais i sgwennu straeon am Gynarfon?!"

"Nagw, wrth gwrs!" mo. "So Kurt yn folon co-reito 'da neb! Ma hyn yn fraint ac yn anrhydedd mowr i ti! Shwt licet ti gyfieithu'i sgriptie fe i fi?"

Y BABELL LÊN
DYDD SADWRN – 12.15

NIWL LEBOR – FFOG OFF!

(PROPS: CRYS RYGBI CYMRU)

Bora da, Misus! Sori 'mod i'n hwyr. Ond ddim 'y mai i ydi o. Dyma fi'n martsio trw'r mwd i'r cefn 'cw bora 'ma a pharatoi 'nillad, eu smwddio nhw'n ddel a bob dim fel bob bora arall yn barod i ddŵad i'r llwyfan… Ond yn sydyn reit, fel bollt o'r nen, dyma'r ddynas Meinir 'cw yn sefyll o 'mlaen i a blocio'r ffor'…

Dach chi'n nabod Meinir erbyn hyn, tydach... Meinir Orsedd ma'n nhw'n 'i galw hi. Hi sy'n gneud siŵr bod 'na drefn yn y cefn 'cw trw'r wsnos; cymryd poteli gwin beirdd y Talwrn odd' arnyn nhw cyn bod nhw'n perfformio a ballu. Tasg anodd iawn ydi hynny efo rei ohonyn nhw, ella i ddeud wrthach chi – ond fyswn i'm yn dadla efo Meinir. Ma hi'n horwth o ddynas. O'dd hi'n ymaflyd codwm yn broffesiynol cyn iddi ga'l tröedigaeth. Ddechreuodd Meuryn gega efo hi un tro – a welwyd byth mo'no fe wedyn. 'Cimwch honna," medda hi a rhoid Boston Crab iddo fo a thorri asgwrn cefn y creadur! Wel, dyna fo, ma Kung-fu yn drech na Kung-hanedd unrhyw adag ma'n siŵr, tydi?

"Sefwch ble ry'ch chi,' medda Meinir wrtha fi, "a thynnwch y crys 'na bant!"

"Tynnu 'nghrys?" me' fi, a dechra chwysu chwartia. "Be uffar sy mynd mlaen fan hyn?"

O'n i wedi darllan am y reslars banw yma o'r blaen. O'n i'n dallt bo' nhw'n perfformio yn yr Afan Libido yn amal iawn ac o'n i'n dechra poeni am 'yn Alexandercordells – *Rape of the Fair Country*, myn uffar i!

"Y slogan 'na sda chi ar 'ych crys..." medda Meinir. "Allwn ni byth â chaniatáu hwnna!"

"Pam lai?" medda fi. "Dwi wedi ca'l deud be dwi isho drw'r wsnos. 'Sa'm sens mewn sensro sesiyna, siŵr iawn..."

Triwch chi ddeud hynna ar ôl yfad un o boteli sieri'r beirdd! Swnio'n dda, cofiwch. 'Sa'm sens mewn sensro sesiyna, siŵr... Be fysach chi'n galw honna, dwch?

"Cynghanedd mas o gyswllt!" medda Meinir, "Gwmws fel 'ych slogan chi... 'NIWL LEBOR – FFOG OFF!', wir," medda hi wrtha fi a rhwygo'r slogan oddi ar 'y nghrys i a rhoid slogan iawn i minna hefyd.

"Be uffar dach chi'n feddwl dach chi'n neud, ddynas?" me' fi. "Gostiodd y crys 'ma ffortiwn i mi yn stondin Cowbois Shwl-di-mwl!"

"Tynnwch e bant!" medda hi'n benderfynol.

"Pam?" medda fi. "Dwi'n clwad petha butrach na hynna ar brif ffrwd Radio Cymru bob dydd... Naw o'r gloch y nos oedd y watershed ar y cyfrynga ers talwm, ond dwi'n meddwl na naw o'r gloch bora 'di hi rŵan!"

"Allwch chi fod mor frwnt ag y'ch chi moyn," medda Meinir, wrth osod 'y mhen i rhwng nutcracker ei chluniau a rhoid dybl Indian headlock i mi. "Sdim problem 'da fi 'da brwnt ond wi wedi ca'l ordors. Dyw Niwl Lebor ddim yn wleidyddol gywir!"

"Nagdi, dach chi'n iawn," me' fi. "Gwleidyddol anghywir ydi Niwl Lebor. Dyna pam dwi'n deud ffog off wrthyn nhw!"

Dyma fi'n dechra gweiddi fatha dyn gwyllt a nelu am y llwyfan 'ma...

"Ffog off niwl lebor!" me' fi dros y lle. "Ffogia dy dwyll di, ffogia dy frad di, ffogia dy ryfeloedd di..."

Bang!

Dyma Meinir yn 'y nharo fi ar 'y mhen efo copi o araith y Cynrychiolydd Celtaidd – dyna i chi be ydi peth trwm! A'th hi'n ddu nos arna i wedyn a phan ddoish i at 'yn hun o'n i'n siarad iaith arall...

"Amo, amas, amat," medda fi, fel byddan nhw'n deud yn Latin America.

"Chi'n torri'r rheol Gymraeg nawr!" medda Meinir.

"So what?" medda fi. "Glywish i neb llai na Bryn Terfel yn canu Lladin yn ei roaratorio yn y pafiliwn noson o'r blaen..."

Consart, myn uffar i! Tair awr o artaith pur, dyna i chi be o'dd hwnnw. O'n i mor falch pan orffennodd o. 'Amo, amas, amat!' medda fi wrth y wraig 'cw'n y gwely ar ôl i ni gyrradd adra.

"Beth mae 'amo' yn ei feddwl?" medda Meinir.

"Dwi'n dy garu di," medda fi.

"Seconds away, round one," medda Meinir, a dechra tynnu'i gwisg werdd yr Orsedd oddi amdani...

"Hic, haec, hoc!" medda fi mewn panig.

"Ma 'nna'n swnio'n well byth!" medda hitha.

Be uffar sy'n digwydd i chdi, Gron bach? medda fi wrth 'yn hun. Ma pawb yn y Baball Lên yn sbio ar eu watshis ac yn methu dallt lle rwyt ti!

Pwy oedd y Dic nath y Diclensions 'ma, dwch?

"Dwcis, dwcis, dwcwnt!" medda Meinir.

Fedrwn i ddim dychmygu be o'dd hynny fod i feddwl a to'n i'n sicir ddim yn mynd i aros i ffeindio allan! Arrivederci Roma, medda fi mor ablative ag y medrwn i, cyn iddi ddechra mynd yn accusative eto... A thrwy ryw wyrth a thrugaredd, dyma fi yn fy nghrys rygbi Cymru!

[Cymeradwyaeth – gan geisio rhoi trefn ar ei bapurau]

Rhaid i chi fadda i mi – dwi'n ca'l dipyn bach o draffarth darllan 'y sgript 'ma bora 'ma. Sydney, Llundan, Caerdydd... Dwi 'di byw mewn prifddinasoedd ar hyd yn oes. Ella dylswn i ddysgu sgwennu mewn capitals!

Rhag ofn i chi feddwl na tydw i'n gneud dim byd ond malu cachu yn y Steddfod 'ma, esh i allan i chwilio am dipyn o ddiwylliant neithiwr. Aethon i i Theatr y Showman i weld yr *Iesu... [Yn gyfrinachol]* Deud y gwir yn onast wrthoch chi, o'ddan ni'n hannar disgwl drama o fewn drama. Oeddan ni wedi clwad o le da ella bysa'r ffwndromentalwyr yn cynnal protest yn erbyn y cynhyrchiad. Ond y broblem oedd bo' ni wedi mynd am beint bach ac wedi colli dechra'r sioe. O'dd nacw'n 'tampan', wrth gwrs, toedd, ac yn trio rhoid bai arna i bo' ni wedi colli'r cyrtan. Dyna lle ro'dd hi'n rhegi ac yn rhwygo nes i'r shusherette ei shyshio hi a'i siarsio hi na cheuthan ni ddim mynediad os na fysa hi'n cau ei cheg. Mewn â ni ar flaena'n traed a chwilio am 'yn seti yn y twllwch. Toedd y theatr ddim yn orlawn ac ro'n i'n gweld bod y cyfarwyddwr wedi gosod ei hun yn un o'r rhesi cefn tu nôl i'r gynulleidfa i weld be o'dd yr ymateb, yn naturiol. Ond golwg annaturiol iawn oedd ar ei wep o pan welodd o griw ohonon ni'n cyrradd fatha naw pla'r Aifft ddeng munud cyfa ar ôl i'r ddrama ddechra. O'dd y creadur yn grediniol bod y ffwndromentalwyr wedi dŵad i ambwshio'i sioe o, ac ro'dd o ar fin galw am y safety-curtain pan sicrheish i bod bob dim yn iawn.

"Tydan ni ddim wedi ffwndro- a tydan ni ddim yn -mental chwaith," medda fi. "Dipyn bach yn chwil ella, ond ti'n nabod fi – o'n i'n dal ym mar y Theatr Newydd yn 1978 pan oedd John Ogwen hannar ffor' i fyny'r *Tŵr*!"

Pharodd *Iesu* ddim yn hir, ond mi o'dd Siân 'cw yn fodlon iawn efo'r perfformiad.

"Dyna fe! Dadadeiladweth ffwndamentalieth – job done!" medda hi.

"Job done?" me' fi. "Be am y drydydd act?"

"Sdim trydedd act i ga'l," medda hi. "Ma hi wedi bennu."

"Dyna i chdi fasdads crintachlyd, ia!" me' fi. Chesh i'm hyd yn oed egwyl gynnyn nhw. Honno ydi rhan ora bob drama gin i! O'n i wedi drysu braidd. O'n i'n teimlo 'mod i wedi colli'r alpha a'r omega. Do'n i'm yn siŵr iawn be o'dd y cwestiwn a toedd y ddrama ddim yn gwbod be o'dd yr atab. Ond, dyna fo, doedd na ddim llawar o ddiwinyddiaeth ynddi hi, beth bynnag, ac mi oedd hynny'n rhyddhad. Dwy act a dim bwlch – ar wahân i fwlch yr argyhoeddiad ella, ia...

Ma 'na ddwy theatr yn y Sherman ac wrth i ni fynd allan o'r naill mi oedd 'na gynulleidfa arall yn dŵad allan o'r llall. O'dd Wil Sam wedi cyfieithu *Yr Argae* ers blynyddodd, ond ei chadw hi mewn drôr yn y tŷ ddaru o tan i rywun ddigwydd gofyn ymhen hir a hwyr a oedd gynno fo rwbath o'dd werth ei rhoid ar lwyfan. Ddim Showman Caerdydd o'dd Wil Sam ond mi fydd chwith mawr ar ei ôl o. Esh i at y bar ac yfad peint o Guinness er cof amdano fo. O'dd pawb yn deud bod nhw wedi mwynhau'i ddrama fo'n ofnadwy ac yn gweld bechod na fysan ni wedi gweld mwy o ddefnydd o'i ddonia fo tra oedd o'n fyw. Dyma fi'n cofio'n sydyn am y Dyn Tryc 'nnw o'dd ar y teli Cymraeg ers talwm – stand-yp Cymraeg cynta i mi weld rioed ma'n siŵr... Stiwart, a hwnnw'n Jones...

Diolch yn fawr i chi am 'ych cwmni trw'r wsnos... *[gan ddatgysylltu'i feic]* Mi dafla i meic oddi ar 'y ngwar rŵan, os ca' i...

[Encore! Encore! Encore!]

Ôl-reit! Ôl-reit! Diolch yn fawr iawn i chi... Un bach arall 'ta os liciwch chi, i gau pen y mwydro, fel byddan nhw'n deud. Dwi'n gwbod bod hi'n ddydd Sadwrn ar Steddfod ond ma 'na rei pobol sy byth wedi dallt y plot...

"Sgiws me, skip?" medda'r hen Gardiffian 'ma wrtha fi wrth y giatia bora 'ma. "Whereabouts are these talkin' mice?"

"Talkin' mice?" medda fi. "What do you think this is – a zoo or somethin'?"

"Sue?" mo. "Who the hell is she? I want the talkin' mice so we can get in!"

Talkin' mice! Tocyn Maes oedd y diawl dwl isho, ia!

"It's different mice down here, see," me' fi wrtho fo. "It's the field-maes you want!"

Ta-ta tan toc! Wela i chi pan wela i chi! Peidiwch byth â dyfaru rwbath roth wên ar 'ych gwynab chi! Je ne regrette Ryan, reit?

[Bonllef o gymeradwyaeth fyddarol a haeddiannol: Mwy! Mwy! Mwy!]

Y Dyn Dŵad yn ceisio gadael y llwyfan...

Ffans nwydwyllt yn rhuthro at y llwyfan gan fynnu llofnodion a chudynnau o'i wallt... Stiwardiaid a swyddogion diogelwch yn ei hebrwng ymaith... Newyddiadurwyr rif y gwlith yn ei ddilyn allan o'r Babell Lên...

YR HO-HO HOLIADUR

CYFWELIAD ARBENNIG GYDA GRETA GRABO

GRETA: *[Gan hwpo meic o dan ei drwyn]*
Goronwy Jones… Llongyfarchiade gwresog i
chi ar eich perfformiade trw'r wthnos.

GRON: Diolch yn fawr!

GRETA: Pan ddaethoch chi ar y scene yn y saithdege,
oedd e'n fwriad gyda chi i fod yn gomic?

GRON: Nag oedd, ond dyna ddeudish i wrth y D.S.S.
Ma bod yn gomic yn waith llawn amsar a ma
jobsys yn uffernol o brin.

GRETA: Beth roddodd yr hwb mwya i chi fel digrifwr?

GRON: Sbio ar y teledu a gneud yn hollol fel arall.

GRETA: Y'ch chi'n seriys?

GRON: Does 'na neb mwy seriys na comics. Ond, wrth
gwrs, neith neb dy gymryd di'n seriys os nag
wyt ti'n cymryd dy hun o ddifri.

GRETA: Pwy yw eich hoff gomedïwyr chi yn bersonol?

GRON: Yr hogia.

GRETA: Beth yw'ch hoff jôc chi?

GRON: Mae brwydyr yr iaith drosodd.

GRETA: Beth sy'n eich gwylltio fwya am y Gymru
gyfoes?

GRON: Pobol sy'n deud gormod o'r gwir.

GRETA: A beth sy'n eich plesio?

GRON: Pobol ifanc efo tân yn eu bolia.

GRETA: Y'ch chi'n teimlo bo' chi wastod ar y tu fas?

GRON: Tu fas i be, del? Gyn bellad â dwi yn y cwestiwn, yr hogia ydi canolbwynt y bydysawd.

GRETA: Ond shwt deimlad yw e i fod yn rhan o leiafrif?

GRON: Fuesh i rioed yn rhan o leiafrif. Mwyafrif oedd yr hogia yn Dre 'cw rioed.

GRETA: Ond y'ch chi wedi bod mas o'ch cynefin ers amser maith bellach. Shwt byddech chi'n newid Cymru?

GRON: Efo gordd a matsian a chic yn din.

GRETA: Allech chi ymhelaethu?

GRON: Fysa fiw i mi. Ma 'ngwraig i'n gomiwnydd sy'n credu mewn trefn. Does gynni hi ddim Gramsgi o fynadd efo ryw benboethyn chwithig fel fi.

GRETA: Ond fe gesoch chi wahoddiad gan y Pwyllgor Llên eleni. Shwt llwyddoch chi i gael eich pig miwn?

GRON: O'dd 'na neb yn deilwng, felly roedd raid iddyn nhw ga'l rhywun i lenwi twll… Gwranda, del, dwi 'di laru ar y mast-media wsnos yma. O's ots gin ti os a' i am beint…?

GRETA: Sori! Gweud y gwir 'thoch chi, ni i gyd tam' bach yn siomedig eleni. So ni wedi derbyn un gŵyn amdanoch chi. O's 'na beryg bod y Dyn Dŵad yn dofi?

GRON: Syndod be ma rom bach o hunansensoriaeth yn

ˑneud, 'sti, tydi? Cno' dy dafod, taw pia hi, well i ti beidio, jest rhag ofn… Ma hi wedi mynd i'r diawl, tydi! Fysa *C'mon Midffîld* byth yn ca'l ei neud heddiw 'ma, jest rhag ofn i chdi bechu unrhyw Walis sy'n byw yn Alltwalis… Fysa *Fo a Fe* byth wedi gweld gola dydd rhag ofn i chdi greu tyndra hiliol rhwng Ordoficiaid y gogledd a Silwriaid y de…

GRETA: *[Gan ei anwybyddu]*

Ie, ie! Doniol iawn. Beth y'ch chi'n meddwl yw cyfrinach sgwennu comedi?

GRON: Be 'di'r pwynt malu cachu a ho-ho-holi pan ma'r atab yn syllu ym myw dy ll'gada di? Dwi'n siŵr bysa *Y Newydd Ddyfediaid* yn gneud comedi sefyllfa ddifyr iawn ne *C'mon Mid Wales* ne *Nhw a Ni*… Ond dyna fo, be 'nei di?

[Gan ddechrau rapio]

Deud dy hanas dy hun, dyna be 'di comedi…
Ond tydan ni jest ddim yn fodlon 'i neud o yng Nghymru…
Ma rhaid i chdi deithio i Loegar am hynny…
We does Welsh identity on *Gavin and Stacey*!
So what's the problem in the Principality?
Ac eto, tydw i ddim isho dy siomi…
Ma gin i uffar o jôc Sais dda os bysat ti'n licio'i chlwad hi…

GRETA: *[Gan banicio'n llwyr a diffodd y meic]*

Don't you dare! It's more than my job's worth!
Diolch yn fawr iawn i chi!
Exit Gohebydd.

Dyna i chdi be 'di pynsh-lein go iawn, ia?! Ffwr' â hi fatha siot o wn, a'i meic a'i PC i'w chanlyn hi. Dyna'r effaith ma'r hogyn yn ei ga'l arnyn nhw, ma gin i ofn…

'They don't like it up them,' chwadal Dad's Army.

'Don't mention the War!' medda Fawlty.

'Peidiwch â gneud drama allan o greisus, Mr Jones!'

POST-MORTEM

Ac ymhen hir a hwyr dyma'r Dyn Dŵad yn cael llonydd gin y mast-media a dyma fo'n mynd i'r bar gwyrdd i botio efo Sam Cei a Mimw Besda am weddill y pnawn…

"Ac ar y chwechad dydd gorffwysodd Gron o'i waith, ia!" medda fi gan sychu ffroth y Guinness 'ddar 'yn mwstash.

"Ti'n lwcus," medda Sam. "Chafodd Duw ddim gorffwys tan y seithfad, naddo."

"Braf bod yn Hollalluog ma'n siŵr, yndi," me' fi.

"Dipyn o gyfrifoldeb, cofia," medda Sam.

O'dd hi'n stido bwrw trw'r pnawn ond oedd yr hogyn wedi cael ei ddwrnod yn yr haul a dyna lle roeddan ni yn glyd braf yn y babell lysh yn gwrando ar y cora roar-pheus yn ymarfar ar y podium tu allan…

"Braf ca'l gorffan ma'n siŵr, yndi?" medda Mimw.

"Yndi a nadi, 'de," me' fi. "Peth peryg ar y naw ydi adrenalin, 'sti. Unwaith ti wedi ca'l chwistrelliad ohono fo mae hi'n anodd uffernol dŵad i lawr."

"Paid â phoeni," medda Sam. "Neith yr hogia'n siŵr bod dy draed di ar y ddaear! Deud y gwir yn onast wrthach chdi, gesh i sioc ar 'y nhin pan ddudist ti bo' chdi isho bod yn stand-yp comedian!"

"Ma golwg wael arnach chdi, cofia," medda Mimw. "Wyt ti'n siŵr na 'nest ti'm marw ar y stêj 'na dydd Llun?"

"Neith rhei pobol rwbath am fags, neith?" medda Sam, a dyma nhw'n chwerthin ar 'y mhen i a dechra canu 'Ddi old hôm tywn lwcs ddy sêm, ass ai stepd dywn ffrom ddy grefi trên…'.

"Grefi trên o ddiawl," medda fi. "Tasach chi 'mond yn gwbod faint o'n i'n ga'l!"

"Pssschchthththth..." medda Mimw gan dorri gwynt fatha ryw Syr Toby Belch yn 'y ngwynab i.

"Iawn tro cynta, Mimw!" me' fi. "Pres peint, dyna'r cwbwl gesh i, a ffyc-ôl am repeats!"

"Yr un hen stori, ia," medda Sam. "*Made* in England, ia, ond ca'l dy neud wyt ti yng Nghymru!"

"Cont dwl!" medda Mimw. "Pam wyt ti'n gweithio iddyn nhw, 'ta?"

"Dyna'r unig ffor' fedrwn i ga'l 'y ngwynab ar y teli!" me' fi. "O'n i isho i bobol weld y jôc cyn bod hi'n rhy hwyr."

"Ac mi fethist yn llwyr!" medda Sam.

"Do, ma siŵr," medda fi. "Methu ydi'n hanas ni i gyd yn y diwadd. Ond fydd rhaid i mi fethu dipyn bach gwell tro nesa 'ta, bydd?"

"Ti'n haeddu medal, cont!" medda Sam. "Fyswn i'n rhoid Tlws yr Ifanc i chdi 'blaw bo chdi mor hen a hyll. Tyrd 'laen, y jibar, stopia fwydro 'nei di. Dy rownd di ydi hon."

CODA

O'dd y wawr yn torri wrth i'r hogia ymlwybro'n ôl ar ôl sesh nos go hegar yn yr Ha-ha Club yn dre. Oeddan ni wedi gneud dîl efo'r Seciwri-co bysan ni'n ca'l cysgu yn un o'r stondina ar y Maes ar yr amod bod o'n ca'l 'yn otograff Joe Calzaghe fi. Toedd Paball y Mudiad Efengylaidd mo'r lle mwya cyffyrddus yn y byd i hen rebals fatha ni i roid 'yn penna i lawr ond pwy oedd yn poeni? Melys cwsg, lol botas maip. Loc-in efo'r locos ne beidio, oeddan ni'n barod i fynd i'r ciando!

Rhyw awyrgylch rhyfadd oedd ar Faes y Steddfod drannoeth y drin – dim byd ar ôl ond ysbryd yr ŵyl ac adlen y Babell Lên yn fflapio yn yr awel oedd yn codi o'r Bae... Ond yn sydyn dyma ni'n clwad y dwndwr mwya uffernol yn dŵad i lawr Cathedral Road tuag aton ni, a dyna lle roedd *Dr Who* a *Torchwood* yn cwffio fel diawlad am yr hawl i achub y ddynoliaeth rhag aliens, ac ambiwlansus a pharamedics galôr yn seirennu lawr y lôn tu ôl iddyn nhw rhag ofn bysa 'na unrhyw *Casualty*!

"Nhw a'u blydi aliens!" me' fi. "Fatha tasa gynnon ni ddim digon o elynion yn barod!"

"Cwsg ni ddaw, I'm hammered heno!" medda Sam. "Ma'n nhw'n mynd i recordio *War of the Worlds* ar y Maes!"

"Cyfla rhy dda i'w golli!" medda'r Trysorydd. "Mae'r Steddfod ar ben am eleni, ond mae'r pafiliwn fel Pinci'n y Perci! Mae'n bechod wastio set wag, tydi? Coffrau llawn sy'n iawn i ni ... bendith ar bwrs y BBSî!"

Fedra Mimw ddim coelio'i lwc – oedd o wastad wedi ffansïo bod yn ecstra mewn ffilm, ac roedd Sam Cei'r Abar, fel pob morwr da, wastad wedi ffansïo llywio llong ofod… A finna? Wel, o'n i wedi bod ar y lôn ers pum mlynadd ac ro'dd y comic yn ei wely o'r diwadd. O'n i wedi cyrradd mor bell â gallwn i fynd, yn y dimensiwn yma beth bynnag…

Dyma fi'n sodro'r cesus ym mŵt y 'Tardis' a sodro 'nghardyn yn ffenast y siop ym Mhontcala i ddeud bod Goronwy Jones yn dal i weithio tasa rhywun yn digwydd bod isho fo. A ffwrdd â ni i baralel iwnifyrs efo dim byd ar 'yn helw ond llond gwlad o feichia, niwrosis y chwedla oedd heb gael eu deud…